Eurus

Notus

世代間連帯

上野千鶴子 Chizuko Ueno
辻元清美 Kiyomi Tsujimoto

Zephyrus

岩波新書
1193

はじめに

辻元清美

私は上野千鶴子さんの『おひとりさまの老後』だけは買うまいと思っていた。現状「おひとりさま」であり「負け犬」として分類される私には、このタイトルは手にとるのがちょっと気恥ずかしい。でも自分の将来に不安をもっているし、親の老後など心配のタネはつきない。また、政治の場に身を置く者として、この本が政策的にどう位置づけられるのかにも興味があった。そこで同じくおひとりさまの友人と誘い合い、書店に行った。

読み進めると、「おひとりさまとひとりぼっちは違う」というやさしく強いメッセージが込められている。同時に、なんでも家族単位で発想する日本社会を個人単位に変える「起爆剤」も随所に埋めこまれていた。これは、現状維持で逃げ切ろうとしている人たちにとってはやっかいで「危険な本」ではないか、と直感した。

しかし個人の暮らしから見た場合、読むほどに「私たちはもっとしんどいわ」という違和感がわいてきた。とくに私より下の世代は一挙に就職難になり、年金不信感が急増している。その背景には、上野さんたち団塊世代への反発もある。学生時代は好き勝手にやって世の中を食べ散らかして、次の世代へバトンタッチしようとしているのでは——という疑念だ。

社会保障をはじめとする戦後日本の制度は、問題を抱えつつも増改築をくりかえすことで、団塊世代まではどうにか支えてきた。けれど、私より下の世代には通用しなくなっている。あちこちで制度疲労が起きている。このまま、ほっとけない。政治の場で未来の社会ビジョンを描くため試行錯誤していた私は、机上の空論ではなく、現場と運動を通して考える社会学者・上野さんに「次の世代に対する私たちの責任を果たそう」と提案した。

詳細な制度モデルについては、すでに多くの研究者がさまざまな提案をしている。私たちがおこなった作業は、個別の制度について専門家として細かく論ずることではない。「こういう社会に暮らしたいよね」を起点に、「ポスト『おひとりさまの老後』世代が生き延びられる社会のトータルデザイン」を探すことだった。だからふたりの話は医療・介護などにとどまらず、縦割りの制度論ではこぼれがちな論点——個人の意識や家族のあり方、働き方や暮らし方、お金のこと、経済のグローバリゼーションへの立ち向かい方などを、自由に行き来した。

最初は、社会がズタズタに分断されていくのでは、という危機感からの出発だった。しかし、途中から私たちの対話の根底に流れる地下水のようなものが溢れ出てきた。「つながろう」という呼びかけだった。

一年にわたる対話が終わり、キーワードが浮かび上がった。それが「世代間連帯」だ。

目　次

目　次

第1章　仕事、住まい

ちゃんと食べて生きていける賃金

辻元　私は、大阪の商売人の娘として育った。祖父はトラックの運転手。生まれたのは奈良県の吉野という山の中。みんな一生懸命働いて、私を育ててくれた。でも、不景気になると仕事が減ったり店がつぶれたりと、不安定な生活だった。だから、公務員や会社員の人たちが賃上げデモをしていたら、「あの人たちは給料もらえるからええなあ」とうらやましそうに見ていたんや。母の口癖は、「男に頼って生きたらアカン。自分で稼いで生きていけ」。ふるさとの人たちや、在日韓国・朝鮮の人たち、大阪でたくましく生きる近所の人たちに助けられて、組織に所属しなくても、セーフティネットの枠からはみ出していても、なんとか生き延びることができた。

でも、これは一九六〇年代から八〇年代までの、ほのぼのとしたビンボー物語。現代のように個人がばらばらにされた時代では、ひとたび貧困状況に陥ると、そこから抜け出せなくなってしまう。いまの貧困は質が違う、と最近ひしひし思う。

二〇代から三〇代前半まではピースボートという国際交流NGO(非政府組織)で、市民運動と同時に新しい仕事づくりというチャレンジをしてきた。三六歳で国会議員になって、四〇過ぎでハタとひとりであることに気づき、四五歳で親の介護とかがあるじゃないかと気づき、振り返れば私の後ろには何もなかったのではと……。一生懸命働いてきたけれど、個人としては先行き不安な生き方や、としみじみ考えこんだ。

上野　あなたは一貫して働き続けてきているでしょう。フリーターのような働き方をしていたとしても。フリーターというのは自営業の個人事業主のようなもの。出来高払いで、仕事した分しか入ってこないし、仕事がなくなったら、それで終わり。

それでもパラサイトを前提にして小遣い稼ぎだけをやってきたんではなくて、それで自活してきたとすれば、年収二〇〇万から三〇〇万程度は確保していたはず。地方都市で住むところさえあれば、それでやっていける。

たとえば二〇代のフリーライターで年収三〇〇万なら、働き盛りの四〇代でもう少し年収は上がり、五〇代になれば無理がきかなくなって仕事の量とともに年収は下がるかもしれない。もしかしたら仕事の単価が熟練や知名度とともに上がるかもしれないし、上がらないかもしれない。上がったら仕事の量を減らしても、そこそこやっていけるかもしれない。

けれども、もともと職人の仕事ってそういうものでは。茶碗を一日何個つくれるかという仕事をやっている人は、何歳になったたって出来高払いだから、つくった分しかお金が入らない。体力・気力が充実した年齢には稼ぎがあり、そうでなければ収入が落ちるというだけ。それでも年収三〇〇万程度を確保する暮らしをやっていける人は、その間も年金を納めているし、健康保険料も払っていける。それならそれで自分が払いこんだ分は自分に戻ってくるという保障があるはず。

フリーターだろうが何だろうが、せめて年収三〇〇万を確保するかどうかが基本。経済評論家の森永卓郎さんのいう「年収三〇〇万円時代」は現実的な解だと思う。それ以上のぜいたくは言わない、それ以下でも困る。

三〇〇万というのはどういう額かといったら、ひとりの人間がそこそこの暮らし向きで食べて生きていける額。むずかしく言うと、労働力の再生産コストと言うのね。首都圏ならだいたい三〇〇万。地方都市だと二〇〇万円台。実際には、扶養家族のいる母子家庭の平均年収が約二四三万円(厚生労働省「平成二〇年国民生活基礎調査」)。この人たちは貧困を強いられている。もし三〇〇万という額を労働力の再生産コストと考えるなら、ワーキングプア問題は、使用者が労働力の再生産コストを割ることを前提にした給与しか払っていないことが大問題。これでは基本的に労働権の侵害になります。

辻元　仕事にいって、家に帰って、風呂に入ってご飯を食べて。休みの日には映画を見ることも将来に備えて貯金することも、「さあ今週もがんばるぞ」と思えるためには必要なコスト。もしネットカフェでの寝泊りが続けば、疲れがたまって、いつか倒れてしまうかもしれない。再生産不能ということは、使い捨てと同義なんだ。

上野　あなたのピースボート時代の専従の収入はいくらだった?

辻元　当初は月収一〇万くらい。それだけではやっていけなくて、家庭教師や週末は結婚式場などでアルバイトをしていた。

いま上野さんが年収三〇〇万と言ったのはキーポイントだと思う。私が質素で人間らしくと思うのは、そういうイメージ。年収三〇〇万で、老後も、そこそこぼちぼち。金のつながりだけでなく、人と人が支えあってなんとか生きていけるように、と。

だから単にセーフティネットを強化するということではないの。社会の質を変えないと。そうしないと、これからの社会は崩壊していく。世代間とか格差による分断で、社会そのものが成り立たなくなっていくと思う。

上野　働く人に、労働力の再生産コストを割る賃金しか与えないというのは、社会的不公正ですよ。もちろん労働時間の長さと賃金は関係する。定型労働の標準労働時間は、いまは週四

○時間。これを週三五時間に減らせという動きがＥＵ（欧州連合）で起きているけれども、まだ日本では合意できていない。

なので週四○時間働いて年収三○○万円を割るとしたら、社会的に不正義ですよ。労働時間が短いから収入が少ないのはしかたがないけれども、少なくとも同じ時間同じ内容で働いたら「同一労働同一賃金」で支払われるのはあたりまえ。それどころか、臨時や派遣の労働者は、雇用保障のない分リスクを背負っているから、正規労働者より割り増しがあってもよい、と思っているくらいです。

日本では、非正規雇用で労働力の再生産をしなければならない人々を想定してこなかった。非正規雇用がジェンダー化されていたあいだは、パート、派遣は女の問題でした。既婚女性は夫のパラサイト、未婚女性は親のパラサイトで、労働力の再生産コストを割っていても、誰も深刻な問題だと思わなかった。日本のパートは、長時間パートという論理矛盾みたいなパートだったけれども、ほとんど週四○時間労働に近いパートの賃金ですら労働力の再生産コストを割っていた。それは労働の内容に対する評価からではなく、「パート身分」というものに対する「身分差別」のゆえだと、社会政策学者の大沢真理さんが喝破《かっぱ》していますす（大沢真理『企業中心社会を超えて』時事通信社、一九九三年）。

それに対して、女性労働者は文句を言わなかった。あまつさえ政府は税制の配偶者控除や配偶者特別控除、国民年金の第三号被保険者制度などで政策誘導して、女性非正規労働者を低賃金に抑制してきたわけね。

少なくとも四〇時間という定型化された労働と同じだけの働き方をしている人については、正規・非正規を問わず、どんな雇用形態であれ、労働力の再生産コストを割らない賃金を支払うことが当然だと思う。

辻元　戦後の日本社会は家族や企業、地域といった国の社会保障制度の外にあるセーフティネットで成り立っていた。高度経済成長のときは、それでなんとかなったのよ。女性の家事労働をあたりまえと見なして家庭にとじこめても、二人分の給料を夫が稼ぎ出せたから。

でも低成長の時代に入り、しかも経済のグローバル化の波をさけて通れなくなった。そんななかで、世界中が雇用の柔軟化と向き合うことになる。私は雇用には「よい柔軟化」と「悪い柔軟化」があると考えています。すでにヨーロッパでは、「柔軟化するしかない」ではなく、「どんな柔軟化なら働く者の権利を守れるか」という観点から制度設計を進めている。

よい柔軟化、悪い柔軟化

上野　いいところに話がきましたね。いま非正規雇用が悪いと言うと、ただちに「柔軟化憎し」に話がいっているでしょう。これはまちがい。あなたが言うように、「よい柔軟化」と

「悪い柔軟化」を区別することは、すごく大事。すべての非正規雇用を正規雇用へ、という解ではなく、非正規雇用はＯＫ、だけど差別は許さない、という姿勢が大事。

定型化された労働なんか、はっきり言って奴隷の労働です。こんな労働の形態を誰が決めたかというと、労使の交渉過程で歴史的に決められただけ。週五日、九時から五時までお天道様の昇っているいちばんいい時間帯の、人生のプライムタイムを使用者に売り渡さなければ食べていけない、というのが正規労働者ですからね。

少し前までは週四八時間労働で、週休二日制なんて夢のまた夢だった。それがようやく土曜半ドンになり、それから週休二日があたりまえになって四〇時間になり、さらに三五時間を要求しているところもある。いまどきの多くの人たちには週休二日じゃないことなんて考えられないかもしれないけど、学校が週休二日制になるときだって根強い反対がありました。その定型的労働が崩れて、労働が柔軟化していくのは世界史的な流れでウェルカム。ただし差別は許さないということ。

だけど、私の痛恨の思いは、八〇年代以降の労働の柔軟化の流れが、完全に使用者側に先手をとられて、してやられてしまったこと。よい柔軟化と悪い柔軟化のうち、悪い柔軟化のほうにいってしまった。そして雇用形態が賃金差別の口実に使われた。柔軟化そのもの、つまり非定型的な労働の選択肢が増えて、働き方を選ぶ自由ができるのはよいが、その際、賃金差別を許さないという方向にはいかなかった。その理由は、雇用の柔軟化がもっぱら女と若者に限られたからでしょうね。再生産コストを自分で負担しなくてもよい人たちだけが、「新しい働き方」を選べた。使用者側はそれにつけこんだし、労働組合も他人事だと思って、賃金差別を許容しました。

もう一度、年収三〇〇万について考えてみたい。

一九八九年に、ゴールドプラン（高齢者保健福祉推進一〇カ年戦略）ができたときに、ヘルパー一〇万人計画がありました。全国で一〇万人の増員。じゃ予算措置はどうするかというと、ヘルパーの標準年収三〇〇万が、そのとき設定された額でした。年収三〇〇万だと、「それじゃ、結婚もできないし、子どもも持てない」と言う人がいますが、そんなことを言うのは、たいがい男。自分ひとりで家族を養おうと思わずに、同じ年収水準の女性と結婚して共働きすれば、合わせて六〇〇万になる。それなら家もローンで手に入れられるし、子どもに高等教育だって受けさせられる。そこに話がいかないのは、保守的な結婚観をもっているからです。

フレキシキュリティ

辻元　男が一人で月収三五万円から四〇万円稼いで、たくさんの制度的優遇をつけられた「専業主婦」と子ども二人を支える。この政府の考えてきた「家族モデル」を維持し続けるためには、朝から満員電車に乗って、長時間過酷労働にさらされ、夜遅く帰る生活になる。私は、男の人こそ「やってられへん」と声をあげるべきだと思う。これだけ個人の生き方や家族の形態が多様化しているのに、制度が現実にあっていない。

だから、女も男も最低でも月二〇万ずつ、ふたりで四〇万円稼ごう、と。経済的な低成長も関係しているけれど、わかち合うことで人生をもっと豊かにできる社会設計とは何か、をずっと考えている。

私が注目しているのはデンマークとオランダのとりくみ。両国とも現下のグローバルな経済危機で失業者は増えている。それでも、セーフティネットがすでにはられていたため傷は浅く、とても参考になる。

デンマークでは、雇用の柔軟性(フレキシビリティ)と雇用保障(セキュリティ)を両方セットにして制度設計している。この概念は「フレキシキュリティ」と呼ばれて、EU全体で取り入れられ始めている。

一九七〇年代、デンマークは経済危機に直面して若い人たちの失業率がバンと増えたの。そこでデンマーク政府は雇用の柔軟性を確保することで、「男が働いて一家を支える」から、「女も男も働く」かたちに変えていったわけ。お互い対等に支えていくのを基本にした。

またデンマークでは柔軟性を確保するために、「これがダメならあちらへ」というように仕事を移りやすくした。同時に、仕事を移る労働者の権利保護と職業訓練をセットにした。正規労働者と非正規労働者との賃金、福利厚生を同じ待遇にしたの。

二〇〇四年、デンマークは技能や職能を上げていく支援策などにはGDP（国内総生産）の四・五％を支出。これは同じ年のアメリカの一〇倍。高いスキルや能力を身につけるチャンスを、自分の経済状況にとらわれずに得られる機会を国が均等に保障した（OECD〔経済協力開発機構〕統計より）。

つまりデンマークは、均等待遇と「同一価値労働同一賃金」を基本にして柔軟性を確保したんです。とにかくみんなが働けるようにしよう、働いて人間らしい生活をしていくために柔軟性があるんだという発想で制度をつくりかえた。

オランダも経済的に落ちこんで、失業率がすごく高くなった一九八二年、政労使三者間で、有名な「ワッセナー合意」というのをおこなった。このときに賃金削減と労働時間の短縮、減税などが取り決められ、国をあげてワークシェアリングを進めた。失業者が多いから仕事をわかち合うという意味もあったけれども、男も女も働いて支えていくという発想に社会全体を変えていった。

経済のグローバル化で、同じ企業にずっと雇われ続けることがむずかしくなったのは、どの国もいっしょ。そのなかでEUは政治決断で号令をかけ、それに従って加盟国が国内法を定めていった。

たとえば一九九七年のパートタイム労働指令。パートタイム労働者について、休暇、出産休暇、親休暇、キャリアの中断、解雇規定、年金制度、訓練を均等に与えることと定めた。九九年には有期労働指令で、有期雇用者に対する均等待遇を加盟国に義務づけた。有期契約の労働者は、同じ作業、類似の仕事をしている無期限雇用の労働者と均等に扱われることにする、と。それから有期雇用悪用の禁止。雇用主は正当な理由なく有期雇用の労働契約をくりかえし締結し、労働者の権利を否定してはならない、とした。そして、二〇〇八年の派遣労働指令で、派遣労働者の給与や休暇、福利厚生などで正規労働者との均等待遇を原則にするよう定めた。

そのなかでもいちばん柔軟性を高めたのが「フレキシキュリティ」のデンマークで、経済成長率が上がっている。

このように九〇年代、ヨーロッパと日本は同時期に雇用の柔軟化にとりくみながら、社会が違う方向に進んでいった。日本では均等待遇についてはまったく議論されずに、企業の利潤だけが追求された。正規労働者を、社会保障もつけず低賃金で働かせて、いつでも辞めさせられる非正規労働者に置き換えていく。

実は一九八〇年代から経済企画庁(当時)は、二〇〇〇年には全労働者の三分の一が非正規雇用になり、「内部労働市場に参入できない団塊二世たちのかなりの部分がアルバイト等外部労働市場での労働を余儀なくされるのではなかろうか」と警告している（経済企画庁総合計画局編『二一世紀のサラリーマン社会――激動する日本の労働市場』東洋経済新報社、一九八五年）。

そうした流れを財界は加速させた。その最たるものが、一九九五年五月に日経連（日本経営者団体連盟、当時）が発表した「新時代の『日本的経営』――挑戦すべき方向とその具体策」という提言です。労働者を、①長期蓄積能力活用型グループ、②高度専門能力活用型グループ、③雇用柔軟型グループの三グループにわけて、②と③は非正規雇用にして年金や退職金などもなくそうというもの。労働力の「弾力化」「柔軟化」を進め、人件費のコスト削減をはかろうとした。その結果、非正規労働者の数は増えていく。とくに若い世代に急増した（図1、図2参照）。

さらに日経連は、日経連の常任理事会社など一八三八社を対象にフォローアップ調査をおこなっている。グローバル経済下の雇用動向については、八割弱の企業が「流動化」を肯定している。「流動化」のメリットとしては「能力、業績主義の徹底化」「人材の価値が市場で評価される」「組織の活性化」などが多く、デメリットとしては「企業に対する帰属意識がなくなる」「個人優先となり、組織の一体感が崩れる」「好・不況の影響を受けやすい」などが多かった。総額人件費が「増加傾向にある」とする企業は五割強。人件費の問題点としては「時間外手当が多すぎる」「従業員が多すぎる」が多く、賃金体系の問題点としては「年功的である」こととする企業が多い、などと報告しています(『第二回「新時代の日本的経営」についてのフォローアップ調査報告』一九九八年一〇月)。こうした財界の意向が政治に与えた影響は大きくて、雇用に関する法制度が次々改悪されていった。私が二重の罪だと思うのは、そうやって働く者をモノのように扱いながら、さらに法人税や高額所得者の税率まで下げていったこと。結果として悪

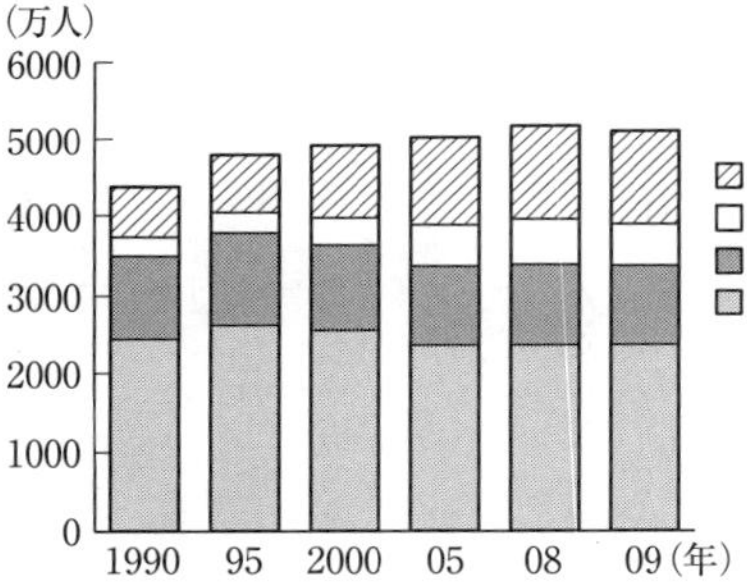

図1　非正規労働者数の推移
総務省「労働力特別調査」(1990年，95年，2000年)，総務省「労働力調査」(2005年，08年，09年)より辻元が作成．2009年のみ1–3月期調査．
注：非正規労働者とは役員を除く雇用者から正規の職員・従業員を除いた者．

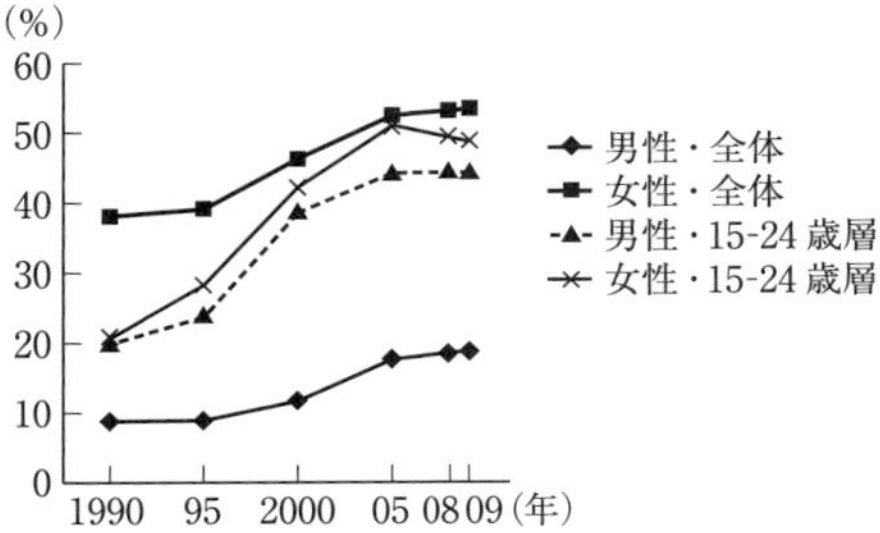

図2　総労働人口における，非正規労働者の男女別の比率の推移
図1と同じに辻元が作成．
注：非正規労働者とは役員を除く雇用者から正規の職員・従業員を除いた者．

い柔軟化が進んでしまった。

上野　悪い柔軟化ではなくよい柔軟化なら、労働の柔軟化を進めるほうが、多様な人材を労働力として活用できることはすでにわかっている。とくに労働の柔軟化を進めた国では、女性の労働力率と出生率は両方あがっています。正規と非正規の格差が大きすぎることが問題ね。あなたが「同一価値労働同一賃金」と言ったのは重要。「同一労働同一賃金」といったって、女は男と同じ種類の労働に就いている場合が少ないから、そもそも比べられない。だから、賃金差別の研究のなかでは、まったく「同じ労働」ではなく、「同じ価値をもつ労働」を比べようという研究が進んでいます。たとえば労働の内容、強度、熟練度、養成にかかる費用等々を比べて保育士と犬の訓練士の労働がほぼ「同一価値」だと判定されたのだけれど、賃金は保育士より犬の訓練士のほうがずっと高い。犬を育てるほうが人間の子どもを育てるより重要な労働なのか、という話もあります。

労働組合のかかえる問題

上野　あなたが言ったように、労働の柔軟化が怒濤《どとう》のごとくすすんだ九〇年代の同時期に、所得税の累進税率も法人税率も下がりましたね（第4章参照）。税金を上げるときには大騒ぎするのに、税率を下げるときはひそやかにおこなわれた。あとで知ったら、えっ、いつのまに？　というくらい。小泉政権の経済・財政政策の担当大臣だった竹中平蔵さんは、法人税率はこれでも高い、もっと下げろ、というようなことを言っていましたね。この時期、政府は本当に「金持ちと企業にやさしい政治」をやったんですよ。

あなたがあげたデンマークとオランダの例は、いずれも経済危機から出発したということが、すごく象徴的。危機にならないと改革は起きない。ピンチはチャンスだというのはまったくそのとおりで、この時期にはデンマークもオランダも失業率の高さにあえいでいたわけでしょう。改革を通じて、まず失業率が下がった。それから労働力の生産性が上がった。そしてGDPが上昇した。それで少子化も食い止めた。いいことだらけなわけじゃない？

ところが日本では同じ時期に労働の柔軟化が、あなたの「よい柔軟化」「悪い柔軟化」という言葉を使うと、悪い柔軟化のほうにいった。使用者側の利益に引きずられる方向で柔軟化が次々と進んでいった。それについては労働組合にも責任があると思う。悪い柔軟化を座視したからです。なぜなら、彼らは自分たちの問題だと思わなかったから。それどころか、非正規労働者の差別の上にあぐらをかいて、自分たちの利益を守りました。そのツケがいまになってきている。

辻元　従来の労働組合の発想が、正規労働者である夫が働き、妻を扶養して子ども二人という政府モデルと同じだったから。言わば「男一人で賃金四〇万円の職場を守る」という運動だった。

上野　つまり、夫ひとりが大黒柱という男性稼ぎ主モデルこと家族給システムを死守したわけ。家族給というのは、歴史的に見れば、男性主導型の労働組合の悲願だった。一九五〇年代の労働組合運動では、「母ちゃんが働かなくてもすむ賃金を父ちゃんに」と言ってきた。それが女性差別賃金だということを指摘したのがフェミニズム。だからフェミニズムは労働組合と対立せざるをえなかった。

ところが、この家族給を連合のような労働組合側が既得権として守ろうとしたために、それに連動してパートの時給は低くていいというので、むしろ使用者側と結託して悪い柔軟化を追認してきた。その結果として、彼らはじり貧の状態に陥っている。組織率がどんどん下がり、いまは二割を切っているでしょう。ついに鴨桃代さん(全国ユニオン会長)のような非正規労働者の代表が、二〇〇五年の連合の会長選挙で対立候補としてチャレンジするようなところまできています。

ＯＥＣＤ諸国で見ると、出生率の上昇と労働の柔軟化とのあいだには切っても切れない関係があります。うらがえしに言うと、歴史的に見て、週四〇時間、九時から五時までの定型的労働が出産・育児と両立しないことは、すでに証明済み。労働の柔軟化が進んだところほどワーク・ライフ・バランスはとれていて、実際に出生率が上がっている。

労働の柔軟化は家庭責任との両立を考えた場合には、なくてはならないということがわかっているんだけれども、それが差別や切り捨てとセットになった。その際、その差別が、とことんジェンダー化されたのが日本でした。労働側は、それを女の問題として見捨てたんです。

一九八五年に、国民年金の第三号被保険者制度が成立しました。第三号被保険者とは第二号被保険者(雇用者)の無業の妻のこと。この人たちの年金保険料の免除と個人としての年金権が確立した。また、健康保険における被扶養者の認定基準が一三〇万円に設定されました。つまり年金保険料も健康保険料も免除することで、既婚女性の就労を抑制し、低賃金労働へと政策誘導したんです。

この当時、「専業主婦優遇策」とまちがって呼ばれた政策は、その実「オヤジ優遇策」だったと、私はずっと思ってきました。第三号被保険者制度によっていったい誰がトクしたかというと、まず第一に、妻の年金分まで払わなくてもいい正規雇用者の夫。専業主婦の妻を養える程度の収入があるのだから、たいがい大企業の雇用者でしょう。第二に、もし妻の年金分まで夫の保険料で負担しなければならないとしたら、企業は雇用者と年金保険料を折半しなければいけないのに、その分をただ乗りできるので企業の負担を安上がりにした。第三に、実際にはその妻たちも多くが働いていたから、彼女たちを非正規労働者として「一三〇万円の壁」までの低賃金で雇った使用者側がトクをした(「一三〇万円の壁」とは、妻の年収が一三〇万円を超えると、夫の扶養でなくなり年金保険料や社会保険料を負担しなくてはならなくなるため、その限度を超えないように妻が年収を抑えること）。彼女たちの保険・保障に対するコスト負担を一切せずにすんだから。つまり、どれもこれもオヤジの利益につながった。当時メディアは専業主婦と働く女性の対立を煽《あお》ったけれど、その背後で本当にトクをしていたのは、これらのオヤジたちでした。

女性の非正規雇用を正当化するために、政府や財界がいつもワンパターンで出すデータがあるのね。厚生労働省「平成一九年就業形態の多様化に関する総合実態調査報告」によると、非正規雇用の女性は「現在の就業形態を続けたいか」という問いに対して、七割以上がイエスと答えているの。だから非正規雇用は結局本人の選択だ、と。

たしかに柔軟な働き方は選択した。だけれども低賃金は選択してない、ということだと思う。低賃金をあたかも本人の選択であるかのごとく誘導したのは、なんと言っても「一三〇万円の壁」です。あの手この手でジェンダー化された非正規雇用と低賃金のセットを、制度と政策で誘導してきたんだと思う。そのことに使用者側と結託してきた共犯者が、労働組合ね。

辻元　最近は、労働組合側も変わってきているよ。

上野　やっとですね。危機だと感じたからでしょう。

辻元　非正規雇用の人たちを守る運動を始めた労働組合が増えてきている。なぜかといえば、非正規労働者の労働条件が悪くなると正規労働者の待遇が落とされるという論理がある。「非正規労働者はこんなに安い賃金で働くのに、もらいすぎやないか」と、非正規労働者に合わされてしまう。正規労働者の待遇を守ることと、非正規労働者の権利を勝ち取ることは不可分なんだと気づき、市民運動とも積極的に手を結ぶようになった。市民運動の側もそうした労働組合の変化を察して、情報提供に努めている。

上野　このところ、非正規労働者の待遇改善というと、正規労働者の待遇を落とせというのかという反応が、ただちに来る。「おまえたちの待遇を引き上げることは、おれたちの待遇を引き下げることとセットだ」となると労働者同士の対立は強まります。それには給与体系の改革が必要。ポイントがふたつあります。

ひとつは、家族給を廃止して個人給に変更すること。

もうひとつは、年齢給を廃止して職務給に変えること。ただし、これができないのは、これまでの日本の企業には、年齢以外の公平で客観的な査定評価システムがなかったから。でも企業も、そうは言っていられなくなってきました。働きもないのに、ただ年齢が上がっただけで年収一〇〇〇万を超すような社員は要《い》らなくなる。労働生産性のピークは体力に経験を加えても三〇代から四〇代。四〇代ではすでに昇進競争に決着がついているから、五〇代で早期退職や出向組が生まれる。それなら定年後の再雇用で賃金が下がるのはあたりまえ。日本の年功序列給与体系は同じ会社にいればいるほどトクをする後払いシステムだけれど、山一ショック（一九九七年一一月に山一證券の経営が破綻）以降、定年まで勤め先がもつかどうかもあやしくなった。その時払いの貸し借りなしの一時決済なら、労働者にしても自分の人生をまるごと企業に託さなくても、仕事だけを売ればすむ。そのための条件は、保険・保障が雇用から独立していることです。

もうひとつ、不況のなかで気がつかないうちに起きているのは、一九九〇年代末から二〇〇〇年代に至るまでの約一〇年間に、企業の労働分配率（生産によって新しく生み出された付加価値に占める賃金の比率）が確実に低下していることです。

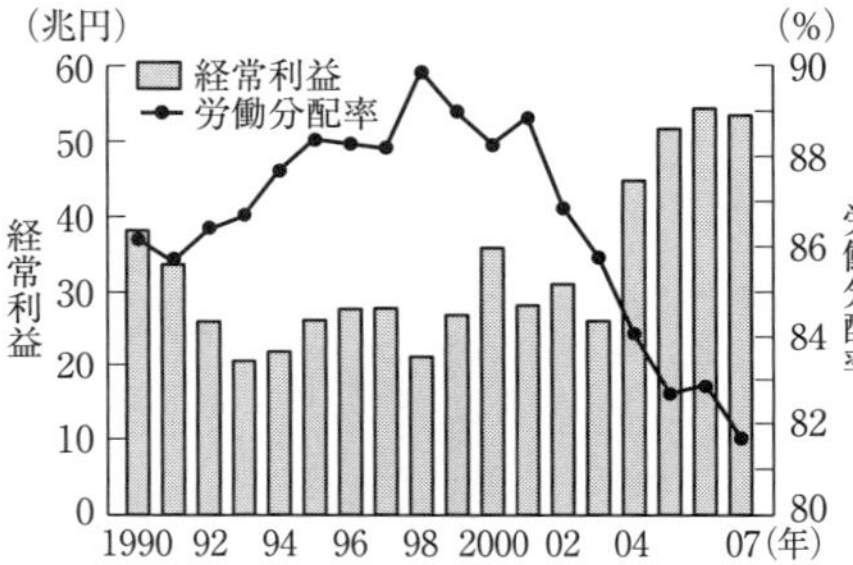

図3　企業の経常利益と労働分配率
出典：財務省「企業統計年次別調査」，総務省「労働力調査」，内閣府「国民経済計算」.

辻元　企業の経常利益と労働分配率のグラフを見ると、経常利益のほうは二〇〇二年で三一兆円だったのが、二〇〇七年に五三兆円を超えているでしょう。ところが労働分配率は、一九九八年の八九・九％を頂点にして、二〇〇七年には八一・七％まで下がっていっている（図3参照）。

同時に、二〇〇一年から〇五年で株主配当は三・八倍、企業の役員の報酬は一・九倍。しかし労働者の給料は七％減少している（財務省「法人企業統計」より）。

上野　長期トレンドで見ても、まず第一に、労働分配率が下がっている。

第二に分配のしかたが変わっている。日本の資本主義は法人資本主義といわれてきて、法人を構成する労働者を大事にしてきたのに、アメリカ流の株主資本主義に変わりました。

第三にその労働者のなかでも、正規労働者しか、法人の構成員と見なしてこなかった。日本の労働組合は長いあいだ、経済闘争に力を発揮してきたのに、九〇年代の不況のもとでは雇用の確保を最優先して、労働分配率の低下を座視してきました。そのなかで、非正規の身分差別を許容してきたわけです。

一部の労働組合の要求のなかには、非正規労働者の正規化要求がありましたが、これは現実の非正規労働者の要求と合わない。つまり、非正規労働者は必ずしも正規雇用化を望んでいない。彼らは非正規雇用がいやなんではなく、低賃金や差別がいやなのよ。そこのところは、はっきりすべきだと思う。だから私は、非正規雇用の問題化というときに、「よい柔軟化」まで押し流してはいかんと思っているの。

辻元　だから「同一価値労働同一賃金」と「均等待遇」が肝《きも》なんだよね。

雇用保障の不在

上野　もうひとつ経済団体の大きな陰謀がある。九〇年代に不況がどんどん進行していった後、そして非正規労働者が職場のなかで一定のシェアを占めて不可欠になっていった時期に、日本経団連(日本経済団体連合会)がパートの基幹労働力化という指針を出しているのね(『多様化する雇用・就労形態における人材活用と人事・賃金管理』二〇〇四年より)。

それまでパートはパートだから補助的な定型的業務しかさせられない、と考えていたのを、パートも長年続ければベテランになるし、熟練化してくるから、これらの人々を基幹労働力にしていこう、と転換したわけ。つまり責任ある業務や、管理的な業務にまでパートをどんどん投入していこうというふうにした。

私はその狡猾《こうかつ》さに舌を巻いた。パートの基幹労働力化は、いったんは現場で歓迎されました。パート労働者たちは、やっと自分たちも責任ある仕事をさせてもらえるのかと、自分のこれまでの何年もの経験やキャリアがやっと生きるかと思って。けれども、待遇改善がともなわない。パートの基幹労働力化、それ自体はＯＫ。でも基幹労働力にするなら、相応の待遇をすべき。それまで私はずっと、パートだからといって昇進できないのはおかしいと言ってきた。パートにも専門職や管理職がいない理由はどこにもない。責任や権限と雇用形態が対応している必要なんか何もない。

そう思っていたら、全国の自治体の女性センターで非常勤館長が、あれよあれよと増えていった。女性センターは女性雇用の矛盾の縮図と言われて、非常勤、パート、雇い止めなどが問題にされてきたけれど、その影響がトップにまで及んだ。でも、うらがえして言えば、管理職が常勤でなければならない理由は何もない。雇用形態と労働時間や賃金、仕事の内容や責任、権限の重さなどが連動しなければならない理由はないにもかかわらず、日本ではそれが一致する職場のシステムをつくってきたんです。

最近では非正規労働者が追い詰められてきたので、こんなことも言えなくなった雰囲気がある。というのは、派遣切りに見られるように、労働の柔軟化が雇用保障の不在と同じになってきたから。柔軟な労働を選んだからといって、すぐに首切りできると考えるのはおかしいのに。

辻元　派遣で働く若い人に聞くと「しんどい」と言うけど、こうも言うわけね。「派遣って、世界中こんなもんちゃうん」。それはまったく違っていて、スイスのアデコという大きな派遣グループの日本支社の社長兼会長がインタビューに答えて、こう言っている。「派遣社員だから安く使えると考えるのは安直すぎる。すべての従業員を公平に扱い、同じ賃金、同じ待遇を提供する意識を徹底しなければならない。日本では勤続二カ月を超えるまで派遣社員が社会保険に加入する義務は発生しない。しかし一日働けば一日分の保険に入るというのが国際的な常識だ」(『日本経済新聞』二〇〇八年四月二〇日)。

非正規雇用という言葉もひっかかっているんや。「非」という打ち消し＝ネガティブな言いまわしでしょう。あくまでひとつの働き方にすぎないのに、結婚差別などにつながるレッテルになるかもしれない。いまはしかたなく使っているけれど……。

上野　そうね。「正規雇用」がゴールでもなければ、うらやましいわけでもないんだから。派遣労働は、八〇年代に登場した当初は、ＩＴ技術があるとか、特別なスキルがある人たち向けの専門職派遣で、時間給でいうと一八〇〇円から二五〇〇円。条件がよくてプライドが高かった。それがズルズルと規制緩和で、いつのまにか非熟練労働にまで派遣労働の枠が拡大していった。

辻元　派遣先の企業の責任も問われず、異常な高さのピンハネをしている派遣元もある――そう私が言うと、ある派遣社員の人から「ピンハネは『一〇％ハネる』という意味で、もっとハネられているいまは、その言葉すら当てはまらない」と指摘された。

上野　なるほどね。そのピンハネを合法化したのが、労働者派遣法ですね。

労働者派遣法

上野　いまから思えば、一九八五年は象徴的な年でしたね。男女雇用機会均等法と労働者派遣法が同時に成立した年だからです。

男女雇用機会均等法というのは実に皮肉な法律でした。というのは、成立したとたんに、その法律の適用対象にならない人たちが大量に増えていったから。差別だというためには同じ条件で雇用されていなければならないのに、そもそも男性と同じ条件で雇用されている女性がいちじるしく少ない。そのうえ企業は総合職と一般職の二本立てでコース別人事管理制度を導入したから、処遇に違いがあるのはあなたが一般職だから、と逃げられる。その一般職コースも、不況で解体していきました。それと同時に、労働者派遣法ができた。労働者斡旋業はピンハネの胴元だから、職業安定所のような公的事業として戦後ずっと官業が独占してきたのを、この年に初めて民営化を認めた。それからは規制緩和に次ぐ緩和です。

辻元　いま国会では、携帯で呼び出して何の保障もないまま日雇い労働をさせる、いわゆる「日雇い派遣」や、雇用期間が断続的で不安定になる「登録型派遣」について、全面禁止の方向で各党足並みをそろえようという動きがある。しかし、マージン率に上限を設けるべきという政党とそうでない政党があるし、派遣先企業の責任についてもまとまっていない。私はいまのままあらゆる業種への派遣をOKとするのではなくて、製造業などは禁止して一九九九年以前のように二六業種に限るよう規制を強めるべきだと思う。

労働者派遣法の改正が急ピッチで政治の場で取り上げられるようになったのは、昔からの非主流の労働組合、ひとりでも入れる労働組合、地域でがんばってきているユニオンや、若い人たちが数人から始めた組合の動きによるところが大きい。そこに、NPO法人「自立生活サポートセンター・もやい」の湯浅誠さんや作家の雨宮処凛《あまみやかりん》さんたちが起こした「反貧困ネットワーク」、「ガテン系連帯」というNPO(非営利団体)、労働問題にとりくんできた弁護士たちがいっしょになった運動の力が加わって動かしたといえる。

上野　そうなのよ。地域ユニオンとか女性ユニオンとか、既存の労働組合から離れたところで、自助努力で労働組合をつくり出した人たちが、ようやく新しい運動をつくってきたのね。

辻元　彼らは国会内集会を何回も積み重ねてきた。労働者派遣法の独自改正案をつくって各党にロビー活動をし、各党の主張や政策を発表するような場も設定しつつまとめていった。キヤノンの宇都宮工場で「偽装請負」――企業が事実上は労働者派遣を受けながら、契約上は業務請負・業務委託と偽り、労働基準法の適用を免れようとする手口――をさせられていた若者の、勇気ある告発も大きな契機になった。派遣の問題で声をあげる一人ひとりが小さな風穴をプップツ開けていくことで、いつか大きな穴を開けられるかもしれない。

二〇〇八年から〇九年の年末年始、日比谷公園で開かれた「年越し派遣村」のコーディネーターで、長年労働運動をしてきた五〇代の人がいるんです。この人は、若い人たちの自己表現を自分たちの権利を獲得する運動に結びつけるサポートをしているのだけど、今回の「派遣切り」の動きを通して三つのことが見えてきた、と語ってくれたの。

一つは、従来型の解雇撤回闘争では通用しない時代がきたということ。その人は「こんな大量の派遣切りを出したのは、極端な外需頼みの経済に邁進《まいしん》してきた大企業の、明らかな経営の失敗。それなのに企業の責任が問えないとは、自分たちが積み重ねてきた運動のノウハウが通用しない時代がきている」と吐露《とろ》している。

二つめが、解雇＝住まいの保障をどうするか、という構図が生まれたこと。

三つめが、地域社会の空洞化。大企業の工場を誘致するにあたって、補助金を使って道路を整備し、単身者用アパートもばんばん建てられた。そこに入っていたのが派遣労働者だったから、彼らが解雇されてしまうと周辺の地域はゴーストタウン化してしまう。しかも他県からきているから行き場所がないでしょ。少しでも仕事がないかと、みんなが近隣の都市に移動して、今度は都市が受け入れきれずにパンク状態。構造改革で地域がやせ細った末の現実がそこにある、と。

ただ、私は日雇い派遣や製造業派遣を禁止するだけではダメだと思う。やっぱり派遣先企業の責任を問わなくては。キヤノン大分工場の派遣切り問題では、派遣元企業と派遣先企業が折半するかたちで解決金二億円を出させることになった。支払いの対象となるのは請負社員として働いてきた約七〇〇人、一人あたりの解決金は平均的な月額賃金の三〜四カ月分に相当するというから大きいよね。この交渉で活躍したのもＮＰＯや労働組合だった。

国も緊急に対策を打つべき。セーフティネットを拡大・充実させること。仕事を失った人たちのためにきちんとプライバシーが配慮された緊急避難所を全国的に整備する。そこには生活保護や住宅支援、職業訓練、医療や年金まで含めて一カ所で対応できる窓口を設置する。同時にハローワークの職員を大幅に増やす。

ドイツやフランス、イギリスは失業時の給付のしくみが全然違って、セーフティネットを二重にしている。失業保険に加え、保険に入っていようといまいと誰でももらえる失業扶助《ふじょ》がある。これは全額税で賄っている。長期的にみたら、これも雇用の「よい柔軟化」につながる施策なのだから、私は日本も導入すべきと考えています。

そして最終的には均等待遇をめざす。でないと本当の意味での雇用の柔軟化は生まれない。労働者や社会の分断が生まれるだけ。だから私は使用者側にも、「雇用の柔軟化を担保するためにも、均等待遇にしたほうが得でっせ」と言い続けているわけです。

もうひとつ大事なのが、一人ひとりが働く技能を磨き続けるシステムを社会に組みこむこと。イギリスのブレア前首相はあらゆる政策を、就労をして税金を納めてもらう方向に集約していった。「福祉から就労へ」です。使用者側にとっても、政府にとっても、働き方の柔軟化と同時に、労働者の保護と技能向上をセットで実現していかないと、長い目でみたらものすごい損失になる。

内閣府の試算によれば、若年の非正規労働者が正規労働者でないことによる所得逸失は六兆二〇〇〇億円（内閣府「平成一八年次経済財政報告」）。彼らが所得税や住民税の課税対象になるまでがんばれば、最低税率の一五％課税で計算しても、九三〇〇億円の税収が増えることになる。

年収三〇〇万くらいで、カップルだったら五〇〇万から六〇〇万円稼いで、若者が税金をきちんと払えるようにしていく。そのためには労働法制だけじゃなくて、税制や子育て支援、住宅支援など総合的にやらないと。これは、社会全体を生き延びさせる大手術なのよ。

年齢差別と職業訓練

上野　あなたの言ったことはどれも大事だけれど、そのシナリオのなかに、ひとつ欠けている、とても大事なものがある。

どうしてこの非正規雇用の問題解決に関して、年齢差別禁止法の提案が出てこないのかしら。性差別の禁止については、完全にではないけど相当のコンセンサスが得られてきたのに、年齢差別禁止については、どうして誰もちゃんと言わないのか。

格差の問題は脱ジェンダー化、脱階級化することによって初めて社会問題になりましたね。つまり女と低学歴層だけの問題でなくなって初めて、社会問題になった。

これまでは、若者と女性、つまり親のインフラか夫のインフラがある人たちのあいだでは、失業は危機としてとらえられてこなかった。九〇年代にOECD諸国すべてが経験した若年高失業率の慢性化のもとで、フランスの若者たちが経済デモ、職よこせデモをやったのに、日本では、若年層が危機感をもたない、怒りをもたないということが、これまた国際的な謎でした。やっぱり、当時は家族が不況のバッファー(緩衝剤)だったという要素がいくらかはあったんでしょう。

あれから一〇年経って家族が高齢化し、稼得力をもっていた親世代が年金生活者になりました。家族解体も進んで、家族が不況のバッファーとしての力量を失っていったときに、家族というセキュリティネットから放り出された非正規労働者たち、もう若くない男性シングルや離別シングルマザーが、格差の象徴として焦点化されてきたんだと思う。

その人たちにちゃんと生産性を上げるような教育訓練の機会をつくれ、という声があるけれども、いま企業に非正規労働者に教育訓練の投資をする気がないことを、私は責める気になれません。企業内教育訓練の時代は終わったからです。

企業が自分たちに都合のいい労働者を社内オン・ザ・ジョブで訓練するよりも、むしろ専門学校や職業訓練校のような場で、公的負担と受益者負担の組み合わせにおいて教育訓練をするほうがよい。企業内教育訓練で特定の企業向けに注文仕様された、ほかに移転できないスキルをもった労働力をつくる時代は終わった。企業内福利厚生が終わったと同時に、企業内教育訓練の時代も終わったと思う。教育訓練が企業から独立する必要があります。

辻元　ということは、雇用保険から切り離して整備し直す、ということでもある。日本の公的な職業訓練は正規労働者の転職支援だった。雇用保険にも入れない、いちばん経済的に苦しい層が受けられないなら意味がない。

上野　とはいえ、いまの学校教育がそのような労働者の生涯にわたるリカレントニーズに応じるだけの受け皿になっているかどうかは別な問題だから、そこはあとで話しますけれども（第2章参照）。その際、リカレントと言っても、研鑽《けんさん》を積んだ人材のその後の受け皿がないのが年齢差別なんです。

私は、雇用におけるジェンダー差別のうちの、全部ではないけどかなりの部分は、年齢差別の禁止で解決できると思っている。というのも、女性という労働者は、職種間の移動や労働市場の出入退について、非常に移動の大きい労働力だから。安倍晋三元首相が「再チャレンジ」って標語を掲げたけれども、再参入の最大の障壁は年齢ですね。

いま格差問題を言っている人たちが、採用時における年齢差別禁止をどうして言わないのか、不思議でしょうがない。

辻元　年齢差別禁止法については、欧米諸国ではすっかり定着してきました。ただ何を差別とするかは国によってさまざまです。有名なアメリカの「雇用における年齢差別禁止法」（一九六七年成立)は、採用・賃金・解雇などあらゆる差別を禁止しています。ただしこちらは中高年者の失業対策がもともとの目的だったから、適用対象が四〇歳以上に限定されている。また規模の小さい事業者は除外されている。

「雇用均等指令」などヨーロッパでとりくみがなされたのは、その背景に、年金財政悪化による高齢労働力の活用が社会のニーズとしてあったんだけれども、あらゆる年齢層、すべての事業者が対象だった。しかも若者向けのメディアにのみ募集広告を載せるといった「間接差別」まで禁じている。

しかし日本では、「年齢差別」があるというコンセンサスさえ長いあいだつくれなかった。男女差別と年齢差別をダブルでこうむる四〇歳以上の女は、とくに暴風雨にさらされるよね。

上野　年齢差別の壁がなかなか崩れないのは、日本の組織原則が年齢原理でできているから。査定評価システムに、年齢という原理が非常に強く働くからです。

いまでも思い出すのは、二〇〇二年の芝信用金庫女性差別訴訟。同期入社組の男女職員のうち、男性が全員管理職になったあと、女性だけがヒラで残った。これは性差別だと告訴して、勝訴したときの判決文が、あまりに笑えたので忘れられないのよね。「本信用金庫においては、年齢以外に査定評価の基準がなかったものとみなされる」と。だから、女性の訴えを正当だと判断したのね。いまでは金融機関内の人事はもっときびしくなっているでしょうし、同期のあいだの競争がないとは言わない。けれども日本の組織では、一般に自分よりも年齢の高い人が自分の部下になるという年齢逆転人事をものすごくいやがるでしょう。だから企業でも役所でも、出世競争で四〇代から五〇代までに決着がついたら、トップになった人を残して同期を全部外に出しちゃう。

つまり、先任者優先原則というか、いちばん年長者をトップに立てて組織を安定させるという年齢にもとづく序列の構造が現在も崩れていない。この組織原理が崩れないと、年齢差別はなくならない。実際には崩れてきているのに、制度改革が追いつかない。たとえば大学では社会人入学を推進したことで、教授よりも年齢の高い学生や院生がすでに入ってきている。教育の現場では、教える者と教えられる者の側の年齢の逆転がとっくに起きています。じゃ今度は、そうやって育てた社会人学生が学位を取ったあとの受け皿があるかといったら、ない。

一方で社会人学生を育てながら他方で採用制限をやるのは、右手でやっていることと左手でやっていることが矛盾してる。私が自分の勤め先で改革できたのは、せいぜい募集の年齢制限をバイオロジカルエイジからアカデミックエイジ、つまり何歳という年齢から学位取得後何年以内に変更した程度。大学の教員採用人事にはほとんど年齢制限があるだけでなく、それがない場合でも運用上には年齢への配慮があります。同じような配慮は、あらゆる職場で起きているでしょう。

だから、性別だけじゃなくて、年齢、それに加えて人種や国籍についても、もっと組織全体が流動的になって、査定評価がフェアにならないと、組織の変革は起きないでしょうね。

辻元 二〇〇七年に雇用対策法が改正されて、いままで企業の努力義務だった「募集・採用時の年齢制限」が、禁止にはなりました。ハローワークから年齢の項目は消えたんだけど、これがまた仕事を探す人からは評判がよくない。企業の採用基準が表に出てないだけで変わっていないから、「いざ面接に行ったら年齢でハネられた」という苦情は、依然聞こえてくる。

企業が査定システムを見直さざるをえなくなるように、均等待遇を徹底すること。そして、企業に依拠してきた福祉を国が引き受けること。事実ヨーロッパでは、これは銀行系シンクタンクが調査しているんだけど、年齢差別禁止法が導入されても各国の企業経営や労働市場が大きく混乱していないと報告されている。

世代間連帯協定

辻元 そして、オランダのようにワークシェアリングを取り入れていく。そのためにも日本版ワッセナー合意が必要なんだ。ただし、いま日本経団連が進めたがっている「ワークシェアリング」は要注意。人件費削減が主目的で、均等待遇がスポッと抜け落ちているからね。ただのコスト削減になりかねない。

社会学者の山田昌弘さんは、「(オランダのように)大企業の中高年が早く引退し、若者に仕事を提供することも必要だ」ということをはっきり言っている(「家族社会学の視点で読み解く若者の問題」『週刊東洋経済』二〇〇九年一月一〇日号)。そしていま若者がやっている単純労働を中高年が担えばいい、と。

たとえばイタリアの試みがある。二〇〇七年から予算化された「世代間連帯協定」で、五五歳に達した労働者との契約をパートタイムに転換し、削減された労働時間に対して、若年失業者・未就労者を採用するというもの。

高齢労働者は、削減された労働時間分の給与相当額を割り増しして国から受給される。使用者は、使用者負担の社会保障拠出金の五〇%を免除される。これがそれぞれのインセンティブになっているのね。高齢労働者は、あくまで自分の意思でそれを選ぶ。この一連の政策の予算規模は年間一〇〇億円超。けっこうびっくりするでしょう。あれだけ経済がきびしいイタリアが「世代間連帯」にこれだけの巨額を投じる決断をした。

ヨーロッパでこうした政策が成り立つのは「同一価値労働同一賃金」が徹底していることと、比較的早期にリタイアして第二の人生を楽しむ習慣があるからだと思うけど。このアイディアがいまの日本で受け入れられると思う?

上野　雇用の場面では、すでに年齢差別禁止が成立しているって、知らなかった。きっと実効性がないからニュースにもならないのでしょうね。たとえば公務員や教員の募集採用からも年齢制限ははずされているの？　制度上はなくなっても、運用上はどうなんでしょうね。

イタリアの世代間再分配の政策はすごい！　それに年間一〇〇億円ばかりで実現できるなら政策としても安い買い物。日本では仕事から引退したがらない高齢者が多そうね。職場以外に居場所がないからでしょう。収入が必要な高齢者もいるでしょうが、扶養家族もいなくなるし、年金の下支えもあるのだから、高齢者ほどＮＰＯや社会的企業などで、ダブルジョブ、トリプルジョブを実践すればいいのにね。

社会的排除からインクルージョンへ

辻元　人種や性別、宗教や言語など理由を問わず個人が疎外されている状態について「社会的排除（エクスクルージョン）」という概念がある。そこには、個人が社会からみずから離れていくことで起こる孤立や疎外も含まれていて、従来の「差別」という概念だけでは、現実に対処しきれなくなったことから生まれた考え方なんです。

その社会的に排除された人たちの社会参画と雇用への道を開こうというのが、ＥＵの社会政策の基本的理念である「社会的包摂《ほうせつ》（インクルージョン）」。たとえばイギリスでは、若年層、長期失業者、障がい者、失業者の配偶者、それから五〇歳以上というように、対象者を定めてタイプにあった支援策を考えている。年齢もきちんと考慮した政策立案をしている。首相が号令をかけて、内務省、保健省、教育省など省庁のトップが横断的に政策立案する「社会的排除ユニット」を設け、NPOのメンバーとも協働して、雇用、教育、住宅、家族、精神衛生という観点からトータルに解決しようとしている。

それに比べて日本の経済財政諮問会議では、トータルに経済問題を議論することになっているはずが、聞こえてくるのは企業側の論理ばかり。それで、若い人たちの働き方や生き方に関する施策は縦割りのまま――教育は文部科学省(文科省)、職業訓練は厚生労働省(厚労省)というふうに。パッチワークではなく、省庁横断、そして自治体やNPOもいっしょにトータルな処方箋を打ち出さなくてはと思う。

上野　うまくいっている福祉系NPOの事例を見ると、そこが仕事の場だけでなく、参加者の居場所になっているケースが多い。サービスを受ける人もサービスを提供する人も、ともに自分たちの居場所をつくっている。ちょっと見には、誰がワーカーさんで、誰が利用者さんかがわからないくらい。違いは同じ時間と空間を共有して、一方は利用料を払い、他方は賃金を受け取っていること。

NPOに限らず、働きやすい職場には、必ず居心地のよい居場所としての機能があります。だってそれが帰属やアイデンティティ、安心、安全などを含めた心身の満足を提供している。

人生のプライムタイムをシェアしているんだからね。結局、そのほうが労働生産性も上がる。問題は、これまでの職場がオヤジ専用の「居場所」でしかなかったこと。人種、国籍、文化、性別、年齢など、もっと多様な人たちに開かれた居場所になればいいんですね。

憲法二五条と住まい

辻元　私は親子四人で六畳一間に住んでいたこともあるし、学生時代は風呂付きアパートに住むことがなかなか実現しなかった。とにかく家賃負担がシンドイことは骨身にしみている。

フランスなどのヨーロッパ諸国と日本との社会政策の大きな違いは住宅にある。フランスにおける「住宅」は、安全で清潔であると同時に、文化的な生活を持続させる住居を意味している。そうした住居を住民に保障するのは国の責任で、政権が変わろうと常に住宅保障は社会政策の要だった。

日本でも、かつては公的政策として住宅に力を入れた時代もあった。戦災復興期、焼け跡から住宅をつくらなければならなかったころは、政府はまず住宅金融公庫（現・住宅金融支援機構）を設立して（一九五〇年）、自力で住宅を持とうとする中間層を支援した。続いて低所得者向けの施策として公営住宅に対して投資していく。住宅建設計画法（一九六六年）で五カ年計画をつくるなど、これらはすべて国民がいくらなら住宅費を負担できるかを意識した政策だった。

ところが、高度経済成長期から住宅イコール資産になっていく。とくにバブル期以降はその傾向が加速した。政府が公定歩合を引き下げて低金利政策を打ち出しても、設備投資はどんどん海外へ流れたでしょう。数少ない流出不可能な産業が住宅産業だった。だからバブル崩壊以降、政府は景気対策の中心に住宅政策を据えてきた。

それが本当に国民の資産形成につながったかというと疑問があって。ひとつは住宅の評価制度がむちゃくちゃ甘いから、建築費に比べて資産価値が低すぎる。新築マンションが中古になった瞬間に三割目減りするなんてザラでしょう。

それに加えて政府は、住宅ローンについては世帯年収の五倍まで返済可能、という政策判断をしたの。たとえばヨーロッパでは無数の試算がなされているけど、おおむね適正取得価格は年収の三倍以下。これ以上は生活をゆがめる、というのが共通認識です。もちろんヨーロッパにも巨大な住宅市場はあります。投資など市場の論理とのはざまにありながら、それでも住宅費の負担能力が個人生活を破壊しないよう、さまざまなデータにもとづいた政策や市場がつくられていった。貸家だったら年収の一五％以下とか。だから、ものすごく無理をしなくても住宅取得イコール資産形成という図式が成り立ってきたんです。

ほとんど予測できたことなんだけど、日本では住宅ローン破産に陥り自宅を競売にかけても借金だけが残る人が続出した。なんとかやれても住宅ローンに縛られ続けて三五年間働く人生があたりまえになった。

追い打ちをかけるように二〇〇六年、住生活基本法という法律ができた。小泉政権下です。住まいとファイナンスを市場メカニズムにさらにゆだねようという理念で、企業のビジネスチャンスを拡大することで住生活環境の改善をはかろうという方向に加速していった。

住宅政策でもうひとつの問題は、戦後、公営住宅をつくるにあたって、利権がらみの建設業界向け景気対策という側面が強かったこと。

本来、住居というのは憲法二五条で保障された生存権にまつわること。若者の住むところがなくなっていく、放っておけば地価の高い都心部が空洞化するというのは日本だけの現象じゃない。だからイギリスなどでは若年層対策や貧困対策というと必ず住宅政策がセットになっている。住むところがないと不安定な生活から抜け出せない、と。「石への援助（住宅建設公的補助）と人への援助（住宅手当）」という言い方をするんだけど、ともかく石への援助という発想が日本はない。むしろ市場のメカニズム一辺倒。

上野　住宅市場には、ストックマーケットとフローマーケットの両方があるけど、そのどちら？　つまり、持ち家政策を推進する方向にいくのか、それとも賃貸住宅を拡大する方向にいくのか。「石への援助」というと、持ち家政策のように聞こえるけれども、持ち家取得に公的援助を与えるのか、それとも公共住宅の供給を拡大するのか。

辻元　私はストックマーケットから、適正なフローマーケットへ移行すべきと考えている。ヨーロッパでの「石への援助」は公共住宅供給のほう。

ストックからフローへ

上野　戦後日本の持ち家志向に「住宅私有本位制資本主義」と卓抜《たくばつ》な命名を与えたのは、建築家の隈研吾さん（『建築的欲望の終焉』新曜社、一九九四年）。戦後の市場でもっとも高額な消費財は住宅だった。政府だけじゃなくて、金融機関も使用者側もあげて持ち家政策を支援して、国民の住宅取得をうながしました。内需拡大の牽引力《けんいんりょく》になったのも住宅建設ブーム。ハコに入ったら入ったで、「三種の神器」（白黒テレビ、洗濯機、冷蔵庫）や「３Ｃ」（カラーテレビ、クーラー、カー）などのスタンダード・パッケージに需要が生まれるから、世帯数が伸び、住宅が増えることは官民ともにウェルカムでした。

しかも住宅取得は個人にとって資産形成を意味しただけではなく、企業にとっては、会社員が自分の一生を抵当に入れて企業に忠誠を誓う「社畜」政策の非常に重要な一環だった。社宅を出て自分の家の持ち主になるのは会社員の夢、会社は社内ローンを提供して、そのサラリーマンの夢を応援した。長期の住宅ローンで社員を縛ることでね。それに戦後日本には、バブルがはじけるまでは、土地は絶対に値下がりしない、という「土地神話」があったから、多くの人が土地付き一戸建てを手に入れることに憧れたのね。

辻元　政府にとっては、マジョリティとしての中間層を持ち家取得に向かわせることで、社会の安定基盤をつくる、という意図もあったと思う。ただしそれは安定的な経済成長が条件で、経済成長は住宅産業が支えて……というリスキーな選択だった。だから、ある日突然会社員がホームレスになるといういまの状況は、政府にとったらかなり深い部分で社会モデルの崩壊を意味する。舵《かじ》を切り直さなければ社会が不安定になる。

上野　たしかに日本の戦後保守政治を支えたのは占領軍の農地解放で土地持ち自作農になった小農自営業者と、ローンで持ち家を取得した新中間層ですね。バブル期まではそのどちらの層も、土地価格の上昇で労せずしてストックゲイン(資産利得)を得ました。一時は土地神話にのっかってトクをしたこともあるのだから、彼らも共犯者。文句ばかりは言えません。

バブル期は住宅というより土地が投機の対象となった異常な時代。政府は土地を市場にゆだねて統制しなかった。バブルがはじけてから、そのツケがきました。「土地神話」が絶対ではない、土地も値下がりするということを日本人が学んだ教訓は大きかったと思う。

いまも多くの路線価はまだ下がりつつあるけれど、グローバリゼーションが進めば、地価のグローバルな平準化が進み、日本の土地価格も世界標準に近くなるだろうという予測がある。逆にニューヨーク、ロンドン、東京、ムンバイのようなすでに地価の高いグローバル・シティでは、そちらのほうも地価のグローバルな平準化が進むという予測があるから、ムンバイのマンションの価格が東京のマンションの価格とあまり変わらなくなるかも。そうなればもう都心に住むなんて庶民には不可能。働きざかりの年齢だけ、会社が借り上げた都心の住宅に住むか、職住近接の賃貸住宅を借りたほうがよい。でも働きざかりは産みざかり、育てざかりでもあることを考えると、都心の住宅は子育てにやさしい住宅とはとても言えない。これではますます少子化が進む一方かも。

あなたのシナリオにあるように、住宅がストックからフローへという流れは、世界的にみて避けられないし、むしろ加速すべきだと思う。これを弱者にダメージを与える方向ではなく、住宅弱者にも恩恵がくる方向にシフトするのは可能。いまの不動産危機は、うらがえせば変革のチャンスでもある。アメリカのサブプライム問題だって持ち家志向から起きました。現在の首都圏でも住宅の過剰供給が起きている。

それから学ぶべきは、これまでのように住宅私有本位制資本主義を維持する方向にではなくて、ストックをフロー化する、つまり、住宅を、「所有する」ものから「使用する」ものへかえていくという方向へ舵を切るチャンスがやっときたんです。

その条件のひとつは、団塊世代が営々と築き上げてきた持ち家を、超高齢化のおかげで、否応なく放出してフロー化せざるをえなくなるときがやがてくること。彼らは住宅をフロー化してケアサービスと交換することで、老後の安心と安全を手に入れることができます。つまり一生を抵当に入れて形成した資産を、一代で食いつぶしてあの世へいけばよいのよ。

ケアサービスを供給する事業主体には、第三セクターや市民セクターが育っているから、そういう公共的なセクターの介護事業体が、持ち家のある要介護者を死ぬまで安心して過ごせるようにお世話してあげれば、残った資産を事業体に遺贈してくださる方だっていらっしゃる。実際にそういう例が、すでにあります。そうすれば小規模な民間住宅を少しずつ公共財として地域にストック化していくことができる。そういう住宅をそのまま若い世代向けにシェアハウスとして提供してもいいし、地域の茶の間みたいなコミュニティセンターにしていってもよい。そうすれば、立派なハコモノなんていらない。

公共住宅だって、いまみたいに集合住宅のようなかたちでニュータウンにまとめて建てなくても、戸建ての住宅が公共住宅のストックとしてポツン、ポツンと地域のそこここにいっぱいあればいいのでは。民間住宅をこのまま公共財化して、低家賃住宅として低所得者に提供していくというやり方があります。

いまいちばんの住宅弱者は、若者よりも高齢シングル。持ち家のない高齢者もたくさんいますが、民間の賃貸住宅は、高齢者には貸してくれません。そこに最近やっと出てきたのが、高専賃こと、高齢者専用賃貸住宅。これにケアがつくと適合高専賃になる。もともとは高齢者介護施設の数を増やしたくない自治体による、認可行政を通じての供給制限からきた抜け道だけれど、そこに民間業者が参入して、地域の相場にくらべて相対的に低料金の高齢者向けの賃貸住宅の供給がいっきょに増えました。結果として、高齢の住宅弱者をターゲットとした事業になった。

高齢者の住宅の選択肢は、このように増えています。なかにはお年寄りの焼死者を出した群馬県渋川市の施設のように、位置づけがあいまいで法律の空白地帯に落ちこんでいるものもあるけれど、良心的な施設もあります。高専賃はほとんどが集合住宅だけれど、それだって同じ屋根の下で住む必要なんか毛頭ない。近接したマンションの空き部屋を一室一室借り上げて、高齢者に提供している事業所もあります。小規模多機能型(第3章参照)のサービスステーションが地域にあれば、別々の住まいに暮らしてあとは移動手段さえ確保できればいい。持ち家だろうが賃貸だろうが、高齢者住宅が地域に散在していてもかまわない、究極の在宅支援ですね。

公共団体やNPOが、公共財としての賃貸住宅を、地域にストック形成していくときがきた、それも超高齢化のおかげで、と私は思っているの。後継者のいない商店街のシャッターの降りた店舗や、子どもが帰ってくる予定のない地方都市の住宅地の住宅を、どしどし放出してほしい。そして、これを支援するような制度と政策のしくみをつくってほしい。そのためには、子どもがいても、子どもには資産を遺《のこ》さないことね。

ストックのフロー化については、もうひとつアイディアがあります。郊外にいっぱいつくったとても不便な公営住宅に、櫛《くし》の歯が欠けるみたいに空き室が生まれていますね。建設当時、四階建てまではエレベーターなしでつくっているから、足腰の弱った高齢者にはとても住みにくい。空き室が増えると、住宅はどんどん老朽化して荒廃が進む。そのくらいなら、そこに若年層を低家賃で入れたらいい。

これにはふたつの条件が必要です。

ひとつは、公営住宅の入居条件から世帯単位をはずすこと。現在の単身入居者は、入居当時は同居家族がいたけれど、どんどんいなくなって最後にひとりになった人たち。最初から単身者は入れないという制限を外して、低所得層の単身者も低家賃で入れていくとか、血縁関係にないシングル同士のシェアハウスも認めていくとか、もっと柔軟な運用をすればよい。最近は単身者向けの公営住宅の建て替えも進んでいるようだけど、どんどん床面積が小さくなっている。建て替えコストをかけるくらいなら、郊外の空き住宅をそのまま提供すればよいのに。

もうひとつは、いまの住宅の用途制限を外すこと。いまの公営住宅は住宅目的以外に転用してはいけないことになっている。商業目的に使ってはいけないの。これから先、移動コストが上がると、生活の地域完結性がますます高まる(第4章参照)。そうなると、自分が住んでいる住居を、そのままモノや情報をつくったり売ったりという生産拠点にする人も出てきます。都市型自営業ね。従来の制限を緩和して、こちらも運用を柔軟化すればよい。その気になれば、いますぐにでもできることはたくさんある。

公営住宅の入居者の高齢化については知恵も工夫もあります。阪神淡路大震災から建築家たちが学んだ教訓は、共有スペースがあるとないとではコミュニティ形成の度合いが違うこと。しちめんどくさい言い方をしたけど、要するに「たまり場」のような共有空間を用意するかどうかで、そこに住んでる人たちの交流がぐんと違ってくることがわかっています。住宅を数だけつくればいいってことではないんです。それより空いた部屋ができたら、一棟に一戸くらいの割合で、住民の共有スペースに提供していけばよい。管理が問題というなら、街づくりＮＰＯなどに指定管理者として入ってもらって、介護保険事業外の高齢者交流事業や子育て支援などにどんどん活用したらいいのに。せっかく空きスペースがあるのに、もったいない。

辻元　そうなんですよ。本当にもったいない。二〇〇三年の法改正で指定管理者制度が導入され、これまでは地方自治体や外郭団体などに限られてきた公の施設の管理運営が、営利団体やＮＰＯにも代行できるようになったからね。

戦後日本は雇用促進住宅をたくさん建てたけれども、いまでは空いているところが多い。それを、住むところさえあれば仕事に就きやすいという人たちが使えるようにしよう、と労働組合とともに厚労省と交渉し続けてきた。それで、ようやく政府は開放し始めたわけ。それでもいまの政府は雇用促進住宅などを活用ではなく売却して、市場に放出していく方針は変えていない。

公営住宅の現状は、制限でがんじがらめだった。最近になってようやく、高齢者や障がい者、母子世帯、災害被害者、ドメスティックバイオレンス(DV)被害者、ホームレス、犯罪被害者にも門戸を開いたけど。

条件だけ見れば、おおむね高齢者は入居しやすくなっている。ただその結果、私の地元・高槻にもあるのだけれども、高齢者ばかりの団地ができてきた。都心でいえば新宿の「戸山団地」なども高齢化率が五〇%を超えた。そういう団地では老老介護などが深刻化しているでしょ。自治会がなくなって掃除すらできなくなる危険もある。だからそこにちゃんと若年単身者や子育て世代もいっしょにいるべきで、地域の活性化にもなるではないかと提案をしている。

上野　税金を投入して建てた公営住宅を、民間に破格の低価格で売却していくのは、日本郵政のかんぽの宿の売却事件と同じ、垂れ流しの構造。経済合理性にも反するでしょう。民に移管したとたんに、事業収益が赤字から黒字に転換したり、資産評価が上がったりするのだから、官が無為無策だったというだけ。

売却より活用を考えないのかしら。そうならない抵抗勢力は何？　官庁の利権と縦割り行政？　官僚制の慣性みたいなものだとしたら、市場原理にも反しますよ。

辻元　憲法二五条の話に戻るんだけれども、「居住の権利はすべての人にある、それを国がサポートせねば」という発想がない。上が決めた方針だからというので現場は硬直化し、いま入っている人すら追い出そうとしている。財政再建に寄与するためいつでも売れるようにしておかねばならないので、と。

上野　理念だけで政策が動くとは思えない、とくにストックにかかわることはね。合理性がないと。居住の権利といったって、若者に対しては彼らはすぐこう言うよ、親の家にいろって。私が言うのは、公営住宅の空き室を放置しておくよりは若者に貸し出したほうが合理的で、若者が親から世帯分離をしたほうが、世帯数が増えて、そのうえ少子化対策にも貢献するから、ますます合理的だ、ということ。たとえ人口が減っても世帯数が増えれば内需は拡大するんだから（笑）。

辻元　私は国としては、国際的に居住の権利が政治の大きな柱になってきているという認識をまずもつことが大事だと思う。一九九六年に国連人間居住会議が開かれ、住まいは、もっとも重要な基本的人権だという「居住の権利宣言」が出された。一七一カ国が採択して日本も採択している。そのときに、食糧、健康保険、それから住宅は国が保障しなければいけないという流れができる。しかしその方向で政策を進めていく国と、日本やアメリカのように住宅は市場の原理に任せるべきという国にわかれていった。市場の原理に任せさえすれば住むところがない人たちもいずれ住まいが見つかるように回っていくのだ、という論理ね。サブプライム問題でこの論理は破綻しつつあるけど。

上野　土地というストックを規制なきマーケットに投入したツケがバブルの崩壊だったことを、まだ学んでいないのか。ここでちゃんと言っておこう、土地投機を容認し、住宅という国民の基本財を市場にゆだねた者たちは国賊じゃって。この国賊を野放しにしておくと、結局国民にツケがくるぞということ。

辻元　これまた小泉政権のときに、住宅の市場化と同時に住宅の地方分権化も進めた。でもそれは「地方自治体自己責任論」の一環だったんです。低所得者向けの公営住宅を整備するのは自治体の責任といっても、過疎であえぐ村が対処するのは困難。税収も期待できないばかりか、福祉予算も増大するわけだから。

人を大切にしていこうという理念のもとで雇用政策を進めていった国は、住宅もパブリックに保障していこうという方向性がある。ストックからフローへ。所有権じゃなくて居住権を重視していく政策であったり、苦しい人には家賃補助を出したり、公営住宅を増やしていこうとしている。一時日本でも、地価が下がって都心の国有地がたくさん売れ残ったでしょう。そこに安い住宅を建てて、もしくは建物を開放して、東京に数十万人の若者が安く住めるようになれば都心部は活性化する。そこから技術や文化の発信もある。新しい雇用の枠組みそのものが生まれるかもしれない。実際、多くの国で国策としてやっていることなのです。

ＮＰＯの試み

上野　たいへんけっこうなことに、人口減少社会は、新たなインフラ投資をしなくても、住宅供給総数に対して人口・世帯数が減っていくわけだから、住宅がどんどんあまってくる。しかも、老朽化した遠隔地の不便な公営住宅ほど、どんどんあまっていく。

そういうところでは、行財政改革で自治体が売りに出すといったって買い手がつかないから、場合によっては、ほんとに値崩れする。公営住宅を低価格で売り出すのだったら、ＮＰＯにとっても買いどき。それを低家賃住宅として出していけばよい。

ひとつは若年層にそういう住宅を放出していって、若年層の世帯分離を促進し、カップル形成を促進する。もうひとつは、住宅の使用目的の制限を外して、そこを職住一致の生産拠点にしていく。アート系やクリエイティブ系の若者たちのなかには、そういうスペースを求めて移住する人もいる。ガソリンの値上げや運賃などで移動コストが高くなるから、都心を往復するような生活をやめて、生活の地域完結性が高まったら、ゴーストタウンが総合タウンに変わるかもしれないわよ。高齢者と若者を中心に、ＳＯＨＯやアメリカ村みたいな新しいにぎわいの場に変わるかもしれないわね。そういう可能性だってあるのに、それぞれみんな創意工夫でいろいろなことをやっていく活力をもっているのに、こんな合理的なアイディアをどうして実行しないのかしら。

ほんとを言うと、そういう公益事業のためのストック形成は、文字どおりの公共団体、すなわち自治体がやるべきだと思う。非営利の市民事業体(第4章参照)には志と体力はあるけれども、資金力がないんだよね。たとえば、福祉ワーカーズコレクティブでも福祉系NPOでも、人材はあるけれどもインフラがない。そのインフラを公共団体が無償または貸与で提供して、NPOと指定管理者契約をしてサービスの委託をすると、そうとう市民事業体のインキュベーター(創業支援)効果がある。福祉系に限らず、文化事業や教育事業にも生かせる手法だと思う。市民ギャラリーや一〇代の保健相談室を開設しているところもあるし。スペースがほしくてもインフラの初期投資のリスクがとても高いから、市民事業体はなかなか一歩を踏みだせない。そこを公共団体が下支えすれば、街づくりやコミュニティの活性化にも希望が出てきます。

昔は福祉政策も、施設化の方向が強かったですね。高齢者や障がい者を施設に入れてお世話しておけば安心だって。それを推し進めたスウェーデンでも、施設化には反省が起きて、いまでは高齢者も障がい者も脱施設化の方向に動いています。もう大型施設は要らない。ふつうの民家をバリアフリーに改装するだけでいいんです。しかもその資産を所有しなくていい、使用できればいいという考え方だから、低コスト型になる。へんぴな場所でなくて近くにあれば、働く人の多様なかかわり方も可能になるから人件費だって安くてすむ。ボランティアも入ってこられるし。そういう施設の経営についても、効率性とか経済性とかいう原理は、ある程度は問われるべきだと思う。

辻元　自治体のなかには、公務員官舎や学校の空き教室を活用してケアの拠点にしようという先見的なとりくみをしているところも出てきています。「自己責任」の本家のアメリカでは「豊かなはずのアメリカで、家もなく寒さに凍えている人がいる。こんなバカなこと、あっちゃいけない」と老朽化したビルを住宅に改修し、路上に住む人々や避難的に住む人々に安く貸して、医療や職業訓練のサービスも提供するNPOが活動している。そのひとつ、アメリカに約二〇〇〇あるといわれる地域開発組合(CDC)というNPOは、低家賃住宅建設の主軸になっています。ここはそのほかにも地域での起業支援や個人貸付事業などをおこなっていて、事業体として評価されている。日本もこれからそんなNPOも出てくると思う。政府、行政、NPOの連携が住政策でも必要です。

上野　金融法学の専門家である大垣尚司さんの話が、おもしろかった。一般社団法人移住・住みかえ支援機構をつくって、住宅の需要と供給のミスマッチを解消しようとしている人です。

いまの日本では、住宅は一生ものという感覚があり、子どもに資産を遺してやりたいと思う高齢者が多いから、高齢者は自分の持ち家を完全にフロー化することには同意しないだろう。

だけど、いくら持ち家があっても、住宅というのは運用しないかぎり資産化しないものです。「中産階級」の定義に、「市場で運用可能な資産の持ち主」というのがあるけど、これにしたがえば、持ち家はあるけれどそこで自分が暮らしているから家を市場で運用できない日本の多くの中間層は、その実「中産階級」じゃない。そういう人に、持ち家を賃貸に出してもらって、自分たちはもう少しコンパクトなマンションとか高齢者専用賃貸住宅などに移転してもらうと、その差額が浮くから老後の生活資金に充《あ》てられる。

賃貸だから、所有権はなくならない。それにリバースモーゲジ(逆担保融資。持ち家に住んだまま担保として融資を受け、死後に清算する方式)よりも、賃貸に出したほうが年間の利子率も高くなるから有利。これならせっかく形成した資産を手放す抵抗感をもたずにすむので、日本の高齢者も同意してくれるだろう、と。

他方、借りるほうには、市価よりもうんと安い値段、庭付き一戸建てを六〇平方メートルのマンションと同じくらいの水準の価格で貸し出して、子育て期のカップルに入ってもらう。たとえば、二階建ての一戸建ての家を、家賃八万円で貸す人は誰もいない。これだけのものだったら一五万もらわなければ、二〇万とらなくちゃ、とても出したくないと思うところを説得して、八万で出してもらうんだそうです。もし一五万で出すのだったら、市場に出しても利用者はつかないだろう。なぜなら、一五万出すのだったら、ローンを組んで持ち家取得にいってしまうから。ところが、六〇平方メートルから八〇平方メートルの地域の賃貸マンションと同じ相場価格で出したら、マンションに住むよりも一戸建てに住もうという人は必ずいる。一般の賃貸市場に出すよりも所有者にとっては不利だけど、賃貸利用者がいないときも家賃を保障しますという方式で、一括長期借り上げをしてしまう。それで死ぬまで返さない。だけど、死んだときにも所有権は残るというやり方です。高齢者の所有意識を保持したままというのは、なぜかというと、住宅は日本人のアイデンティティだから。そこはこわさない。所有権を維持したまま、高齢者の資産を子育て期の人たちのニーズとつなげて活性化していこう、というものです。

辻元　スウェーデンには居住権付き住宅、組合住宅と呼ばれるものがずいぶん前からあります。経済的な利益を得るのではなく修繕とか維持管理のための組合があって、住宅そのものの所有権はそこにある。購入者は低価格で居住権を購入するわけ。そのうえで家賃を支払いながら住む方式。もちろん家賃も安い。マンションの組合員としての権利を取得するという考え方です。

上野　日本では有料の高齢者住宅で、その方式が広がってきましたね。所有権じゃなくて、終身利用権が売買の対象になっています。それにしても値段が高すぎるけれど。それに所有者は、ほとんど民間の企業だし。

辻元　若者の単身者や働きながら子育てしている層にも、ＮＰＯや組合が運営するかたちで住居を提供できないかと私は考えている。公営住宅や雇用促進住宅などをリニューアルして財政にも寄与してもらうくらいの発想で活用すれば、いまの二〇代、三〇代の人たちが少しは暮らしやすい社会になるでしょう。

自分のなかの可能性を引き出せる教育システム。歳とってから年金と医療がきちんと保障される制度。そこに住宅に対しては共同経営的な発想にもとづくパブリックの手助けがあればずいぶん生きやすくなる。贅沢したいというわけではなくて、そこそこ暮らせる制度への構造改革だよ。

第2章　家族、子ども、教育

ライフスタイルとしての、おひとりさま

上野　私の世代では、非婚シングルは例外中の例外。生涯非婚率は、男女とも五％以下。うらがえすと、男女とも結婚に雪崩《なだ》れこんでいったから、婚姻率がいちじるしく高いのよね。私の世代には、「オールドミス」「ハイミス」「三十振袖」「嫁《い》かず後家」など、適齢期を過ぎたシングル女性に対するさまざまな蔑称がありました。

それが晩婚化・非婚化が進んで、気がつけば後続の世代に、シングル女性が陸続《りくぞく》と増えてきた（図4、図5、図6参照）。二〇〇五年のデータでは三〇代前半で、女性のシングル率（未婚率）が約三割で、男性が四割超。

四〇代になると女性のシングル率は半減するけれど、男性のほうは三割を維持している。それに、首都圏のような大都市圏に限っていえば、三〇代女性のシングル率は三割台に達してい

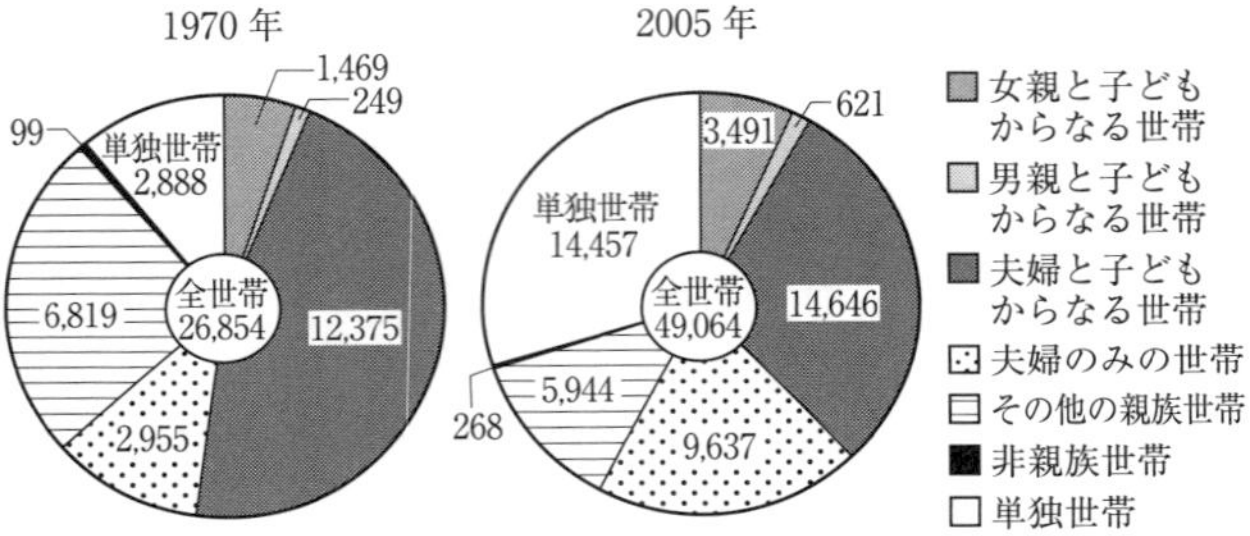

図 4　さまざまなかたちの家族の割合(単位：1000 世帯)
総務省「国勢調査」より辻元が作成.

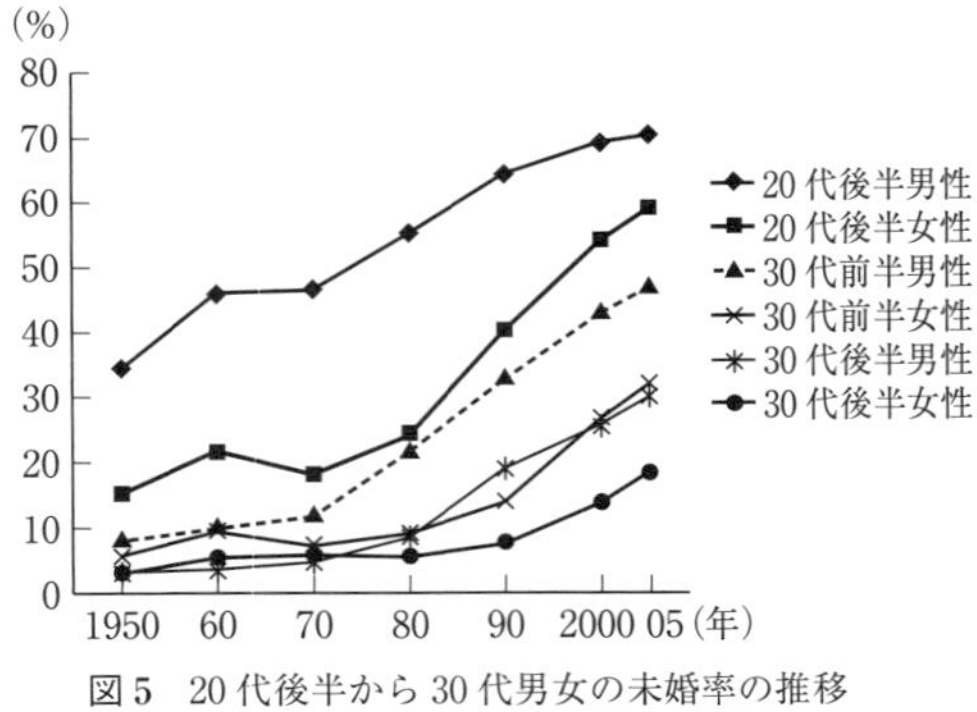

図 5　20 代後半から 30 代男女の未婚率の推移
総務省「国勢調査」より辻元が作成.
注：20 代後半は 25–29 歳，30 代前半は 30–34 歳，30 代後半は 35–39 歳.

ます。三割もいると、もう人口学的な少数派とは言えません。社会現象としても無視できない集団になる。そうなればシングルは逸脱ではなくてライフスタイルの一種になります。そういうなかから、酒井順子さんの『負け犬の遠吠え』(講談社、二〇〇三年)のような本が登場しました。そういう人たちが、私の『おひとりさまの老後』を支持してくれたわけね。私の本は、「負け犬」世代にも読まれています。「負け犬」世代の娘が『おひとりさまの老後』を買って帰ると、母親がすでに読んでいた、という笑い話のようなエピソードもあります。「一家に二冊、『おひとりさまの老後』」なら売れるはず(笑)。

その背景にあるのは、もちろん老後に対する不安。というのも、おひとりさまというのは、若いときから、ありとあらゆる脅しにさらされてきた。とくに親の世代から、「老後はどうするの」という脅しがくる。老後を支えるのは家族だと、誰もが思いこんでいるから、おひとりさまは老後不安がすごく強い。ところが、いつのまにかこれだけの数になってしまった。おひとりさまが選択肢のひとつになったということは、うらがえせば、結婚がマスト(ねばならぬ)ではなく、選択肢

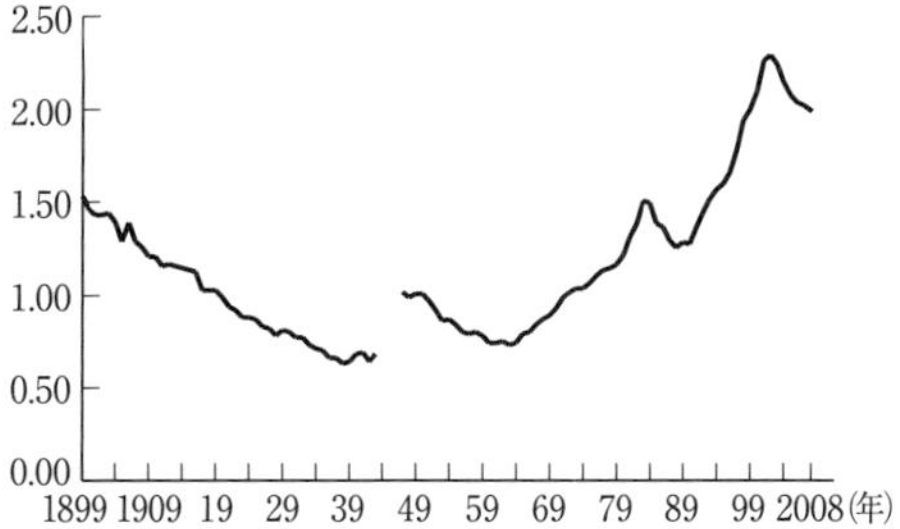
図6　日本の離婚率の推移(人口1000人対)
出典：厚生労働省「人口動態統計」.

のひとつにすぎなくなったということでもあります。

結婚が選択肢になった大きな理由は、結婚が女性にとって生活保障財(生活必需品)であった時代が終わったということ。女の側に、結婚を選べるだけの力量ができた。それは女性に経済力がついたことと、切っても切れない関係があります。

おもしろいことに、おひとりさまの増加には、ふたつの層があります。

ひとつは、女性の雇用機会が増えて、自分に経済力があるから「永久就職」せずにすむ人たちが増えたこと。これが「負け犬」のなかでも、「勝ち負け犬」と言われる人たち。

もうひとつ、「負け負け犬」と言われる人たちがいる。結婚願望をもちながら結婚できず、仕事はしていても派遣やアルバイトなど非正規率が高く、経済力も低い。その結果として、この人たちのパラサイト率がまた高い。そんなに賃金が高くないのに、シングルでやっていけるのは親のインフラ(資産や経済力)のおかげ。

実は娘の非婚を支えたのは、自分自身の経済力よりは親のインフラでした。娘にしてみれば、夫に頼るか親に頼るか、どちらかの選択肢なら、夫の顔色を見るより親の顔色を見るほうが、ずっとラクでしょう。ちなみに、酒井さんの「負け犬」の定義は、「夫ナシ、子ナシ、三〇代以上」というもの。私もあなたも当てはまるわね(笑)。

「オールドミス」とか「三十振り袖」とかいうのは、ものすごい差別用語よ。あのシモーヌ・ド・ボーヴォワールでさえ、晩年に、わざわざ「マドモワゼル」と呼ばれて、いやがらせを受けた、というくらいだから。結婚歴のない女は、いくつになっても「マダム」になれず「マドモワゼル」のまま。だからミスでもミセスでもなく、「ミズ」という呼称が登場したとき、女性は大歓迎したのよ。

辻元　私は、「負け犬」とか「おひとりさま」という言葉が出てきたときに、何となくホッとした。

上野　そうね、呼び方を変えるだけでずいぶん認識が変わる。「負け犬」は「バツイチ」と同じようにアイロニーを込めた呼び名ね。アイロニーだということはみんながわかっていて、つくった酒井さんも含めて、誰も負けているとは思ってないから、平気で使える。

「バツイチ」も「バツ」は入っているけれども、このコトバができたおかげで、離婚経験を口にしやすくなったんじゃないかな。アイロニーだというのは、ちょっと自己卑下《ひげ》してみせないと、まだシングルも離別者も世間に通用しないという遠慮があるんでしょう。だけれども「おひとりさま」は、堂々と「お」と「さま」がついている(笑)。同情と差別の対象だった女性シングルをネガティブなイメージからポジティブなイメージに変えてしまったという効果が「おひとりさま」にはあるかも。

これまでずっと、結婚してあたりまえという時代が続いてきましたからね。婚姻率の長期変動を見ると、日本人の累積婚姻率が最大に達したのが六〇年代の半ば。そのときで、男は九七%、女が九八%に達した。それから一貫して低下傾向が続いているから、これ以上の数値はありません。私はこの時代の累積婚姻率の高さを、「瞬間最大風速」と読んでいます(笑)。これが男も女もほぼ一〇〇%結婚した「全員結婚社会」。この時代はもう終わりました。戦後、出生率が増えた背景には、婚姻率の上昇、つまり誰でも結婚して父と母になれる時代が来たという事情もありました。

結婚があたりまえでなくなる

上野　日本における少子化の問題をいうときに、不思議でしょうがないことがある。少子化には婚姻率低下、婚内出生率低下、婚外出生率低下の三つの要因があると考えられています。日本ではたしかに婚姻率は低下しているが、婚内出生率はほぼ維持されている。最近になって低下傾向があって、ふたりっ子がひとりっ子になってきた。ところが婚外出生率は、ほとんど上昇しない。

諸外国の出生率を分解してみると、出生率がもち直しているフランスではいま、婚外出生率の寄与がとうとう五〇%を超しました。つまり新生児の二人に一人は婚外子ということ。これを支えているのは法律婚ではなく、事実婚なんですね。

辻元　フランスは民事連帯契約法というのをつくったでしょう。カップルとして生活する異性または同性の二名が、ある期間いっしょにいたら自動的に事実婚を認める法律。

上野　パクス法ね。

私たちの世代のトレンドで、予測がはずれた現象があります。上村一夫の『同棲時代』や南こうせつの『神田川』が流行するほど同棲が一般的だったのに、その次の世代に追随者が増えると思ったら、後ろを見るとついてきていなかった。先進工業諸国でのきなみ増えている同棲が、日本では増えなかったのよ。最近ちょっと増えてきたらしいけどね。たぶん不況が原因の経済圧力のせいでしょう。

日本人は、結婚大好き。だから、ひとりものを見ると挨拶がわりに「結婚は？」と聞きたがる。でも結婚がデフォールト（標準装備）である時代が、ようやく終わったと思う。

家族史の研究者は、かなり長いタイムスパンで家族の変化をみる傾向があります。明治時代の婚姻率は、高度成長期よりずっと低い。男は八割以下で、次男坊、三男坊は一生結婚できないこともある。女のほうは、いつの時代でも男より婚姻率が高い。再婚で後添《のちぞ》えというのもあるし。法律婚でなくても、重婚状況ですから、「妾奉公」とか「愛人」という選択肢もある。工業化とともに婚姻率は徐々に上昇し、六〇年代半ばに「皆婚社会」とか「全員結婚社会」とかと言われる時代を迎え、その後また低下しています。

この先、生涯非婚者は約二割程度で推移するだろうと予測されていますが、歴史的に見れば、婚姻率が前近代並みの水準に戻ったというくらいの現象ですから、やっと近代が終わったか、というようなもの。なにもびっくりするような変化ではありません。

人間の常識というのは、わりあい短いタイムスパンで変わります。いまの六〇代とかそのくらいの年齢の人たちは、結婚が常識だった世代。でもその世代の常識は、いまや「非常識」になりつつあるんです。

こんな時代に「婚活」を唱えるのは、ほんとに時代錯誤ですね。というより、こんな時代だから、ということでしょうか。結婚が「あたりまえ」でなくなったからこそ、努力しないとできなくなったということでしょう。でも、他方で結婚の安定性そのものがいちじるしく低下しているから、いくら「婚活」しても、「内定取り消し」や「リストラ」の危険がいつでもあるのにね(笑)。

現実とかけはなれている政治

辻元　ところが国政の意思決定の場では「結婚が常識」であるという感性の人たちの声がいまだにね、いやになるくらい強い。家族のあり方や個人の生き方の選択について、政治の場では明治時代以降ずっと同じような価値観が貫かれているものだから、民法にはほぼ指一本触れてこなかったんだ。自民党の野田聖子さんと私は同い年で、党派は違ってもウンザリ感は共有しているものだから「憲法改正より民法改正が日本を変える」というところでは一致している。

上野　実際、政治は私生活に介入していますよ。あなたが言うとおり、憲法改正より民法改正が世の中を変えるというのは、本当。民法改正がそのくらい危険だということを、保守系政治家はちゃんと承知してるんじゃない？

辻元　そうなの。日本の政治は家父長制のにおいプンプンの、清く正しく美しい家族像みたいな民法的価値観を根本にして政策を立ててきたのだから。

六〇歳以上の男性が国会では力をもっている。この政策牽引者《けんいんしゃ》たちはおおむね自分たちは正しく国家を守っていると思いこんでいて、自分たちこそ現実からずれているという自覚がない。

いま国会では超党派の議員連盟を使って民法を変えようとしているの。その場には私や野田さん、民主党の枝野幸男さんたちが席を並べていて、離婚してから三〇〇日以内に出産すると前夫の子とみなされる「民法七七二条問題」に共同でとりくんだりしている。選択的夫婦別姓のことだけではなく民法をあらゆる部門で見直していこうという動きが、三〇代から四〇代の国会議員を中心に広がってきている。

上野　「民法七七二条問題」こと無戸籍児問題（前夫の子として届け出しない場合に無戸籍児となる）について、産まれた子どもに何の罪もないから改正しましょうという機運が超党派で高まりかけたところに、自民党のオヤジから「婚姻内不倫を奨励するのか」と横やりが入って、ポシャってしまった。あれにはびっくりしました。

議員に限らず、六〇代と四〇代、マイナス二〇歳の差は大きいよね。六〇代は自分の子どもの世代と世代間ギャップを経験している。だからこそ、民法が本当に「地雷」だということを彼らはわかっている。民法改正のうちで、たかが夫婦別姓選択制すら、国会上程を阻まれているほどです。「選択制」だから、強制力はないのに、反対する理由が私にはわからない。「あんたにやれとは言うとらん。私が選ぶ邪魔をしないでほしい」というだけなのに。そういう法律が、国会の討議の俎上《そじょう》にすら上がらない。そんなことをしたら家族が壊れるという危機感が、よほど強いのでしょうか。家族はそれ以前に壊れていて、それは法律のせいでもフェミニズムのせいでもないのにね。

辻元　一時、その人たちを抑えこめる動きが生まれたことがある。東西冷戦が終わった直後、一九八〇年代後半から九〇年代の半ばごろ。国連では東西の壁を超えて人間らしく生きていくことが大きなテーマになっていったでしょう。九二年、リオデジャネイロ地球サミット。九四年、カイロ国際人口開発会議。九五年、コペンハーゲン社会開発サミットと北京女性会議。九六年、イスタンブール国連人間居住会議。この時期、世界中でジェンダーやエコロジー、貧困の問題を解決していこうという機運があった。

その世界的潮流に呼応するかのように、日本では自民党・社会党・新党さきがけの連立政権（自社さ政権）が誕生した。当時の自民党主流派は加藤紘一さんや河野洋平さん。いわゆる「良質な保守」と私が呼んでいる人たち。リベラル保守の彼らが自民党執行部だったから推進できたのが、NPO法（特定非営利活動促進法）であり、環境アセスメント法であり、情報公開法だった。男女共同参画社会基本法の制定や、DVや児童虐待が法律で禁止されるのは政権が代わってからだけれども、このころ道筋をつけた。社会民主主義的方向に穴を掘って、そちらに水が流れていくように。

ところが、二〇〇一年ころから、あらゆる面でバックラッシュが押し寄せる。この社会現象は政治のパワーバランスと連動している。「良質」とはいえない保守の、いままでねじ伏せられてきた人たちが、政治の場で息を吹き返してきた。自民党執行部でも各省庁でも、新自由主義とナショナリズムがくっついた勢力が強くなってきた。政治の場で地殻変動が起こってしまったわけです。

民法改正推進派の森山眞弓さんが法務大臣になったときも、選択的夫婦別姓は「いけるかな」という感じがあったの。でも、すでに政治の流れは変わっていたからむずかしかった。ヨーロッパでは事実婚は一般的になっていますよね。スウェーデンではサンボ法という法律があって事実婚が正式に認められている。婚姻関係にある夫婦と同等の権利が保障されている。でも日本は夫婦別姓すら、それも選択制ですら実現できないという状況にまで逆戻りしている。

上野　現実のほうがずっと先行しているのに、法律は遅れている。仮に民法改正案が成立しても、すでに起きている事態を追認する効果しかもたないでしょう。夫婦別姓選択制にしても、すでに通称使用を実践している人はたくさんいます。公務員のあいだでも、通称使用が認められるようになりましたしね。

「七七二条問題」だって、法律が改正されなくても離婚は減らないだろうし、前の婚姻が解消しないうちに妊娠した子どもたちは、これからも産まれるでしょう。少子化対策でどんな子どもにでも生まれてきてほしいだろうに、なぜ、生まれ方で差別するんでしょうね。

性のカジュアル化、親への寄生化

上野　それはそれとして、どうして日本で同棲こと事実婚が増えなかったのかと、考えてみたわけ。

日本に来る人口学者が、とても不思議に思うことがあるの。事実婚というのは、要するに男女の同居の開始のこと。法律婚の年齢だけを見れば、先進工業諸国はのきなみ晩婚化しているんだけれども、実質的な同居の開始年齢は、あまり変化がない。わりと早い時期に同居を開始しています。若者の同居の理由は、はっきり言ってセックスと経済圧力ね。セックスは住宅問題だし、経済的には「ひとりの口よりふたりの口のほうが食わせやすい」という言い方もあるくらい。その背景にあるのは、親からの自立を早いうちに達成するという慣習。若者の晩婚化はすべての先進工業諸国で起きているけど、日本に限って、法律婚の開始と同居の開始がほぼ一致している。これが、外国の研究者にとっては、世界的な謎なんです(笑)。

外国から来る人口学者が「もっとも性的にアクティブな二〇代に同居しないで、日本の若者は性生活をどう処理しているんでしょう?」と私にきくのよ。

私はそのときの答えを用意しています。「ご心配はいりません。わが国には世界に冠たる都市インフラがあります。低料金で、安全に使える……」と。

辻元　ラブホテル?

上野　そうそう。これにはふたつの要因があると思う。

ひとつは、婚姻と性が分離したこと。つまり性のカジュアル化ね。七〇年代以降、すべての先進工業諸国が性革命を経験しましたが、日本も例外ではなかった。

ある社会が性革命を通過したかどうかの指標には、ふたつの人口学的な指標がある。ひとつは婚外出生率の増加。もうひとつが離婚率の増加です。このふたつの指標は、それまでの性規範が解体していったことを示している。すべての先進工業諸国が性革命を通過してこのふたつの指標の数値が上昇していった時期に、日本ではどちらも低いままでした。婚外出生率も低く、離婚率もわずかにしか上がらない。

その当時、八〇年代の日本で、保守的な知識人たちは、家族崩壊を経験しているアメリカと比べて、「世界に冠たる日本の家族制度の安定性」を誇っていたんです。日本ではアメリカのような家族崩壊は起きない、と。アメリカではあの当時、離婚率が急激に上昇し、母子家庭が増え、婚外出生率が増えていました。日本ではそういうことは起きないと豪語していた人たちがいたんだけれども、にもかかわらず、日本でも性のカジュアル化、婚姻と性の分離が世界史的に見て同時期に起きていた。それがアメリカやヨーロッパのようにドラスティックなかたちをとらなかったので、「なしくずし性革命」と呼ぶ人もいます。日本では性規範の変化が、他の先進諸国と同じような人口学的な帰結を生まなかったことが謎でした。

性革命の人口学的な帰結は、日本では非婚化と少子化としてあらわれたというのが私の観測。非婚率は離婚率の、少子化は婚外出生率の機能的等価物だからです。

というのは、離婚は結婚しないとできないけど、非婚はいわば婚前離婚。つまり日本の若者は結婚してから離婚するという選択のかわりに、最初から結婚しないという選択をするようになったことを意味します。

他方、婚外出生率というのは婚外性行動がアクティブになったことの指標。のぞまない妊娠は失敗した避妊の関数、そして避妊の失敗は性交渉の関数ですから、婚外性行動が活発になれば、確率の問題で婚外妊娠も増えます。婚外妊娠が出生につながれば婚外出生率は高くなるのに、日本ではそれが出生につながらないので、婚外子が増えません。現実に起きているのは、未婚者の中絶率の増加です。闇に葬られている子どもたちをこの世に歓迎すれば、子どもが増えるのに。政府には、その気がなさそうね。

それだけでなく、性行動がカジュアル化して婚姻から分離したにもかかわらず、同棲というかたちをとらなかった理由は、日本の若者には親のインフラに寄生するという選択肢があったからです。山田昌弘さんのいう「パラサイト・シングル」（『パラサイト・シングルの時代』ちくま新書、一九九九年）ですね。同棲も結婚もしなかった娘たちは、夫の経済力ではなく、親の経済力に依存したんですね。

辻元　家に帰ったら冷蔵庫に食料はたっぷり入っているし、お風呂は沸いているし。

上野　そう。「メシ・フロ・ネル」のオヤジ・ライフを可能にする主婦付きだし。夫と違って、拘束は少ないし、ストレスも少ない。「子ども部屋」から出ていかなくてすむ。

辻元　どうして日本がそうだったかというのは、ジェンダーの問題と関係していると思う。

上野　大いにそうよ。その背後にあるのは、娘を自立させない親のエゴイズム。娘のパラサイトを嘆きながら、その実、内心では歓迎している親はいっぱいいます。

辻元　アジアは別の概念で大家族共生型みたいなものがあるけど、欧米には高校くらいで子どもを家から出す習慣もあるじゃない。それぞれひとりずつが自立して生きていこうという気風。そしてやはり男女平等が進んでいるということが大きい。日本はどちらでもないうえに、民法が封建主義のままで手つかずでしょう。

上野 私は「封建主義」とは言いたくない。近代家父長制です。決して昔からあるわけじゃない。たとえば娘のパラサイトは、少子化と婚姻による世帯分離が慣行になってはじめて可能になったもの。昔は小姑となる娘は、「おまえがいるとお兄ちゃんにお嫁さんが来ないからね」と言われて、家を出されました。そして女が家を出るたったひとつの合法的な理由は結婚しかなかったのよ。

辻元 そうね、家父長制ね。合法的結婚以外は非合法＝アングラとなるんだよね。日本には「内縁」という法律用語があるけど、なんだか後ろめたくて暗い感じがするでしょう。

上野 「日陰の女」とか。

辻元 「非嫡出子」もそう。なんで「非」やねん、と。子どもはみんないっしょじゃないの。ここを変えなければ。「日陰の女」「正式な子どもじゃない」というコンセプトのままで民法に規定されている。

六〇代以上の女性は、いままで抑圧されてきた分、きっかけしだいでラジカルに変身する。上野さんの『おひとりさまの老後』を読んで「ひょっとして、自分たちはもっと自由に生きられたのでは」と気づいてしまったんじゃないか。そういう人、たぶんたくさんいるはずです。

上野　七〇代の読者が、「一〇年か二〇年早く読みたかった」とおっしゃってくださった。

辻元　私は自分より上の世代の女性も確実に変わってきていると思う。問題は男性のほう。古い価値観や秩序、そして歳とったら女性に生活を依存しないと生きていけないから……いままでの秩序にしがみついて、ますます思いこみを強めている。夫に先立たれた七〇代の女性が、「私が先に死んで夫が残ったら、きっと何もできないからみじめな生活になっていたと思う。だから夫が先に死んで、これでよかったのよ」と言うじゃない。

上野　あの本を、あなたが革命的な本で、変化の起爆剤になると言ってくれたのがすごくうれしかった。というのは、私は変化が若者からだけ起きるとは少しも思っていないから。社会変動が起きるときには、すべての年齢層の、すべての社会階層の人が、程度の差はあれ変化を受ける。時代が変われば、高齢者だって、その年齢にふさわしい変わり方をする。だから高齢者が変革の担い手になることだって、いくらだってあるんですよ。

親のパラサイトか、夫のパラサイトか

上野　パラサイトの娘たちに戻りましょう。「勝ち負け犬」と「負け負け犬」のあいだの、格差の問題。それ以前から格差はあったのに、格差がこれだけ政治やメディアで問題化されるようになったのは、二〇〇〇年代以降、労働者全体の非正規雇用率が三割になったから。ただしジェンダー差は大きいですね。二〇〇九年初めで男は一八％、女は五四％で、その平均が約三割です(第1章の図1参照)。八〇年代のなかごろに女の非正規雇用率が三割に達したときには誰も問題にしなかった。パートや派遣など、非正規雇用が女の問題であるかぎりは、問題化されてきませんでした。その三割のほとんどが既婚女性。既婚女性というのは、夫のパラサイトだと想定されていた。実際にはシングルもシングルマザーもいたんだけど。

九〇年代にバブルがはじけてからは、今度はそこに、新卒の若い女性が投入されていった。若子雇用の典型だった一般職コースが解体して、派遣や契約社員に置き換えられていった。若い世代は学校を卒業した最初から、非正規労働市場に投げこまれていった。ですから、既婚女子労働市場のみならず、若年女子労働市場もまた非正規化していったんです。

その当時、不思議でしょうがなかったのは、当事者の若い女性たちがたいした危機感も不満ももたなかったこと。最近になって不満が大きくなったのは、非正規雇用の裾野が以前より広がって、パラサイトできない女たちが非正規になってきたから。女性の雇用の柔軟化が進んだのは八〇年代からで、その当時は、むしろ会社への忠誠心も要求されないし残業もない派遣の働き方を歓迎する女性もいたし、契約社員などは、年俸だけから見ると新入社員よりよかったりするから——雇用保障がないことの代償なのだけれど——かえって歓迎されたりしました。

契約社員には、契約更新期間は上限一〇年というほとんど若年定年制と同じ雇用条件をつける大企業もあった。これじゃ、せっかく差別裁判で勝ちとってきた若年定年制禁止が実質的に骨抜きになるじゃないかと思っていたのだけれど、そういう職種に大卒女子がすすんで入っていきましたね。

非正規雇用に彼女たちが危機感をもたなかったのは、低賃金で雇用保障がなく、将来のキャリア展望もなくても、本人たちが自分の人生を結婚までの待機時間としか考えなかったから。晩婚化傾向がこれほど長期化するとは予想しなかったのじゃないかしら。娘をパラサイトさせている親のほうでも、親子二世代のあいだのジェンダー的な共依存関係があるから、親は娘を自立させないし、することを期待しない。

日本の非婚シングルには確信犯シングルはほとんどおらず、「いつかは結婚しよう……」と思いながら、ずるずると晩婚化してしまった「なしくずしシングル」だという傾向があります。

三五歳は、微妙な年齢です。三五歳になって初めて、結婚がライフプランから消えたことに気づく。山田昌弘さんの『パラサイト・シングルの時代』の調査対象者は二〇歳から三五歳まで。三五歳以上は、もともと調査の対象にさえ入ってない。三五歳までは結婚市場にまだ入っていると見なされているんでしょうね。

私が地方で会った女性ですが、親の家にパラサイトしていて、「三五歳までいろいろな仕事を転々としてきて、三五歳になって初めて、結婚が射程に入らない人生設計をやっと本気で考えるようになりました」という人がいました。この「三五歳まで」は最近では、「四〇歳まで」とか「四五歳まで」とか、ちょっとずつ後ろにずれこんでいるようですね。「まだ産める」とか「まだ結婚できる」という年齢がしだいに高くなっているので。その年齢まで、「自分の人生は出会った男しだいで、どのようにも変わります」という待機の時間だという考え方を、親も娘もしているわけです。「そのために私は定職ももちません。腰を据えた生活のしかたも選びません。いつでもカラダをあけて、あなたの色に染まります」ってね。

辻元 四〇歳ではたと気づいて、四五歳を過ぎたら私の老後はどうなるんだろうという不安に変わっていく。

上野 そうなのよ。親も娘もそれを互いに許容してきたために、誰も娘のパラサイトを問題化してこなかった。でもパラサイトできるときの親の年齢は、相対的にまだ若いから、親に稼得能力がある。ところが、一〇年も経つと、親がしだいに歳をとって、年金生活に入っていく。山田さんたちの調査は九〇年代半ば。それからだってもう一〇年以上経っています。そのうち親は要介護にもなる。四五歳からは介護予備軍です。

人口学の男性研究者がつくった日本介護資源地図というのを見たことがあります。全国四七都道府県の四〇代の既婚無業女性の対人口比率で地図を塗りわける。四〇代・既婚・無業、この三つの条件がそろった女が多いところは、介護資源が手厚いというふうに定義するわけ。むちゃくちゃでしょう?

だから、私は言うのよね。「あなたが四〇代で既婚で無業だったら、どんなことをしても介護から逃げられない。そのために夫はあなたを養っているんだ。それでも結婚するか」と。

結婚していたら夫の親の介護から逃げられないし、非婚なら自分の親の介護から逃げられない。同居パラサイトのシングルの娘ならなおさら、親にとっては貴重な介護資源。非婚シングルでも、バツイチ出戻りシングルでも、親は大歓迎よ。老後不安が強いところへ、介護資源が戻ってきてくれるんだから。

世代論で言うと、このシナリオは、いまの五〇代、六〇代には当てはまるけど、その下の三〇代、四〇代には当てはまらない。なぜかというと、いまの五〇代、六〇代はストック(資産)形成率が高いから。問題は、そのストックを親が使い果たして死ぬかどうか。それには、親がいつまで生きるかがかかっているの。親自身にとっても想定外の超高齢化ですから。

娘が介護資源になっても、親が早めに死ねばストックが残ります。娘はそれをあてにしますし、親も世話をしてくれた娘に残そうと思うでしょう。でも、介護がうんと長期化すれば、親は自分のストックに手をつけざるをえなくなります。ストックに手をつけたら、子どもに残すものがなくなる。そうなれば、介護には動員され、ストックは使い果たされ、ないない尽くしの低年金・無年金の初老の女が残ることになる。こわいシナリオでしょう?

辻元　こわすぎる!　でも放っておいたら、このシナリオは必ず到来する。それもかなり広い範囲でペンペン草も生えない状況が生まれる。ただシナリオが予測できるということは、制度改正という具体的な解決策が示せるということでもあるのよ。

上野　そう。そのとき、働いて年金を納め続けた人は、応分の保障が得られる。やっぱり女も働くということを前提に制度設計をするべきですね。それと介護保険を持続可能な制度にすることね。

女の人生が、親のパラサイトか夫のパラサイトか、どちらかのパラサイトであり続ける、つまり若い女性の人生が結婚までの待機時間だという通念を、親も子どもも捨ててもらわないと。

辻元　女性が自立して生きていくことを基本にした制度設計、要するにシングル単位の制度設計ね。これは、社会を変える起爆剤の大きなボタンになるはず。

上野　親のパラサイトを選ばない、選べない女たちは仕事を続けてきました。自分に経済力があったからこそ、結婚を生活保障財として選ばずにすんだ。こういう人たちが、非婚街道を驀進《ばくしん》して、「負け犬」世代になったわけですね。

人口減少社会を前提に

上野　いまのところ、どんなデータを見ても少子化をくつがえす兆候はありません。まず婚姻率が上がる可能性があまりない。これからも非婚化は進むでしょうし、「負け犬」は、ひとつのライフスタイルになるでしょう。

結婚さえしてくれれば子どもを産んでくれるだろうと思う向きもあるだろうけれど、有配偶完結出生率が、二〇〇五年のデータで二・〇九、これが二・〇を割ると、いよいよ、ふたりっ子時代からひとりっ子時代になります。子どもを産むのに既婚者がいちばんためらいを覚えるのは、一子めよりも二子めということがわかっていますので、第二子出産の壁が高くなる。それから婚外子出生率は、日本ではいっこうに上がりそうもない。同棲率が上がらないからです。一〇代の妊娠の増加が、中絶から出生に転じてくれればいいが、日本ではシングルマザー支援策を政府与党が推進するとはとても思えない。

出生行動というのは個々人の選択の結果がマクロ現象になるような社会現象ですから、これに政治や政策が介入することには私は同意できません。人口を減らす方向であれ増やす方向であれ、どちらにしても同意できない。社会学者の赤川学さんに『子どもが減って何が悪いか！』（ちくま新書、二〇〇四年）という本がありますが、彼の言うとおり、少子化現象それ自体は、歴史的に見てくつがえせないでしょう。ですから、人口減少社会を前提にしたうえで、できるだけソフトランディングできるようなシナリオを考えるしかありません。

そのシナリオのひとつに、ジェンダー平等政策も含まれます。ジェンダー平等は少子化の原因ではなく、結果にすぎません。ジェンダー平等になったから少子化が進んだわけではなく、むしろ少子化が進んだから、いっそうジェンダー平等が求められるのです。

今日、少子化対策の名のもとに、ワーク・ライフ・バランスの推進が唱えられていますね。ワーク・ライフ・バランスをやったからといって、少子化が食い止められるとは思えない。たとえ少子化を食い止められなくても、やったほうがいいし、やるべきでしょう。現に家族のモデルが変わってきていますから、男女ともにワーク・ライフ・バランスは必要です。

それにもし本気で少子化対策を考えるなら、婚外子出生率の上昇を、政策に組み入れるべきでしょう。政府がシングルマザー支援策を出さないかぎり、私には、少子化対策に政府が本腰を入れているとは思えない。実際には政府のシングルマザー支援策はこのところ、生活保護世帯の母子加算を減らすというように、前進しているよりも後退していますしね。

辻元　産もうが産むまいが、子どもを何人もとうが、個人の選択です。国家に介入してほしくないし、するべきじゃない。政治の役割は、個人の生き方の選択肢を増やして多様な生き方をサポートしていくことでしょう。そのなかに出産の問題がある。女が子育てをしながら働き続けるということが困難で産めない、二人め三人めになると経済的に苦しくて産めない。小さな会合でも、そういう声は必ず出るのね。

上野　第二子出産の壁は経済要因だという指摘があったけど、データによると必ずしもそうではない。二子めの壁については、学歴、母親の就労の有無、経済階層、住宅の広さ、いろいろな要因があるけれども、そのなかでもかなり大きい要因が、第一子出産時の夫の協力の有無であることがわかっています。

辻元　男性は育児休業制度があっても現実にはなかなかとれない。働き方も男のほうが圧倒的に長時間労働になっているからね。

あらためて私は、「少子化対策」という言葉はもうやめたほうがいいと思う。少なくとも政府の正式な政策や方針で、この言葉を使うべきではないよ。ところがなかなか言葉がなくて。ヨーロッパは「家族政策」と呼んでいるところが多い。でも日本の場合、「家族」という言葉を使った途端に、古い家父長制家族という概念が頭をもたげてくる。

上野　少子化対策は、文字どおり人口政策。人口政策というのはファシズムと戦争の時代の産物でした。

辻元　だから「産む機械」という発言をする厚生労働大臣が出てくるわけ。人口が減ると国家が滅びるとか、労働力がなくなるとか、個人の生き方の問題じゃなく、「富国強兵」的発想にもとづいた国家介入のにおいがプンプンするので、私は「少子化対策」という言葉を変えたい。何かない？

上野　「ジェンダー平等政策」でいいじゃない。家族政策とは、児童政策とジェンダー平等政策のセット。それをばらせばいい。子育て支援と夫婦間の関係とを「家族」の名のもとに、セットにしなくていい。実際に、ひとりで子どもを育てている親もたくさんいるわけだし。子どもには子どもの権利があるし、一方で、ジェンダー平等は推進する必要があるし。

辻元　ジェンダー平等で言えば、いままで子どもの問題は女性問題とセットで語られてきた。でもこれは男性問題でもあるはずです。女も男も働いて家計を支える、子育ても介護もする。そうしたほうが男の人も解放されるし、生きるうえで、きっと大きなプラスになるから、上野さんが言ったジェンダー平等政策というのは的を射ている。

韓国には金大中大統領のとき、男女平等省(Ministry of Gender Equality)がつくられた。そこで、家族政策がトータルに進められた。これを日本にもつくりたい。

男の居場所

上野　そうなると男はどうなるんだろう？　一方で非婚率が上昇し、もう一方で離婚率も上昇する(前掲の図6参照)。実際には「メス負け犬」以上に「オス負け犬」の人口は多いし、離別した女性と同じ数だけ、離別した男性がいるはず。

離婚時の親権は、日本では単独親権で、その大半が母親の側にあるから、増えているのはシングルマザー世帯。離別男性は家族から分離して、ほんとにひとりになりがちです。そうやって家族がどんどん多様化して分解していくと、男の居場所はどうなるんでしょうね。これをあなたと話そうと思っていたの。

辻元　深刻なのは男性のほう。男性の離別シングルは、上野さんの言うところの「介護資源としての娘」も確保できないわけだし……これまでの家族像のなかには居場所が見つけられない場合が多いよね。

女性のほうが、権利がなかった分だけ開き直っている率は高いと思う。男性は開き直れなくて、お決まりの「自分が一家の大黒柱」というあり方、幻想にすがりついている。そこから解放されて、女と男が対等に支えあって生きていくという発想に切り替えないと。女性解放運動があったように、いまでは男性解放運動が必要。家族というものに自分自身が関与していくチャンスやとっかかりを、なくしているんやないかな。

男性未婚シングルも同じで、まずは本人の価値観の問題がじゃまをしている。妻子を養えないからと思いこんでいる人たちが結構いるらしい。オレひとりで養えないから結婚して子どもをつくるのは無責任だと思いこんでいるんだね。

内閣府の「ゼロから考える少子化対策プロジェクトチーム」で、こんな報告がされている。少子化の最大の原因は未婚化で、経済的な自立が困難になってきているせいである、と。そこで子どもを産んだあとの支援だけでなく若者の経済的自立を促さねばならん、という議論がされているのですが……。このような日本の若者自立支援策に対して疑問が呈されています。放送大学教授の宮本みち子さんに、「(日本の若者の)自立支援策のほとんどは親の扶養を前提にしているわけです。つまり、親が生活を守ってくれているという前提の中で自立支援がかけられているので、親が生活を守ってくれない人は、現在の若者の自立支援策の対象にはなり得ない」と指摘されている。

たとえばハローワークで無料のパソコン講座などを受けられるけど、生活給付金が出ないから、失業した若者には使いづらい。ここが生活給付金をセットにするイギリスなどとの大きな違い。

男性の意識も政府の発想も、どっちも変えないとどうしようもない。まず男性は、ひとりで養うという発想を棄《す》てる。男も女も同じ、いっしょにいたい人と、いっしょに生きていけばいいと考える。ともに働けばダブルインカムでハッピーという発想にしていくこと。そして政府は、「誰かが誰かの面倒をみる」のが前提の制度設計をやめる。共稼ぎができる環境を整える。シングルマザーもシングルファーザーも、収入にかかわらず子育てが可能になるようにする。

上野　山田昌弘さんたちが調べたデータによると、保守的な結婚観をもつ男女ほど結婚しにくい傾向にあるとか。女性のほうも扶養してくれるような夫を探そうと思ったら希少価値だし、男のほうも、妻子を養わねばならんと思うばかりに、自分に結婚の資格がないと考えてしまう。その結果として「オス負け犬」が孤立し、社会的な排除の対象になっていくという問題があります。「オス負け犬」にも「勝ち負け犬」と「負け負け犬」とがあって、「勝ち負け犬」は正規雇用率が高いから、経済的には独身貴族。非正規雇用の「負け負け犬」ですら、シングルマザー世帯より、経済的には有利。オスの「勝ち負け犬」にとっては、経済力があるのにボクちゃんが結婚できないのはどーして？　という悩みがあるし、「負け負け犬」にとっては、こんなビンボーなボクに女は寄ってこないという悩みがある。どちらも女が経済力と結婚するとカンチガイしてるのね。結婚が女にとって生活保障財でなくなったというのに、超保守的な結婚観。非モテでひがむより、女に受けるスキルを磨きなさい、ってね。生活スキルも大事だけど、その前にコミュニケーション・スキルが必要。非モテ系の男性には「これまで女性とつきあった経験がない」っていう人が多い。

非婚シングルだけでなく、離婚シングルも増えてるはず。できちゃった結婚が増えているから、結婚して父親になった男たちも多い。離婚したあと、その男たちはどうなっているんだろう。いったんは家族をつくったのに、この人たちは、離婚によって家族と完全に切れているのかしら。

離婚率の高いアメリカでは、男たちが、家族の崩壊の危機を迎えて初めて自分が父親であることに目覚めたという状況がありました。これまで日本の男は、「浮気もしないで金を稼いで持ってきたオレに何の文句があるんだ」と、稼ぎ手であるだけで夫や父親の役割を果たしているという考えがあったけれども、関係はカネでは買えないということにようやく目覚めた男たちというのは、たいがい親子関係や夫婦関係で家族の危機を経験した男たち。関係というのは時間と経験をわかち合うこと以外ではない、ということにあとになって気がつく。

アメリカのフェミニスト法学者、マーサ・ファインマンは、「子育てに父性なんてない」とキッパリ言っている(『家族、積みすぎた方舟』学陽書房、二〇〇三年)。つまり、「父でなければできないような子育ては存在しない。子育てにはただ母性というものがあるだけだ。女の母性と男の母性と。誰がやるにしても、マザーリング(母親業)というものだけがある。男もまたマザーリングに参加するべきだ」と。そういうことをやらないと子どもとの絆というのはつくれないのだということを、家族の危機に直面して男はあとから学ぶ。だから再婚した男たちは、その過ちをくりかえさないように、けっこういい父親になっているよね。遅いっていうのよ(笑)。まあ、再チャレンジの機会があるだけいいけど。

おもしろいのは、少子化率が下げ止まっている社会は、離婚率が高いが再婚率も高いの。最近の離婚では、子どもが小さいことが、離婚の抑止力にならなくなった。スウェーデンでは離婚率が高くて、子どもが小さいときに離婚して、子連れで再婚する。再婚家庭を家族として再建するために、新しい家庭で次の子どもを産もうとする動機づけが夫婦の双方にある。これがけっこう出生率に貢献している。だから日本でも、この子が一人前になるまでは歯をくいしばってでも離婚しない、とがんばるよりは、出産年齢のあいだに何度でも結婚、離婚、再婚をくりかえせばいい（笑）。あんまり遅く離婚すると、もう次の子どもが産めなくなるから。

辻元　そのアドバイスは女性の生き方を変えるよ。で、男性の再チャレンジの機会も保障するんだから優しいと思う。そのためにも制度をシングル単位にして、年金権も婚姻関係から切り離す。事実婚を認めるとか、婚外子などの出生差別をやめるとか、制度を変えて社会の空気を違うものにしていくということで出生率を下げ止まりにできるとしたら、政府だって反対する理由はない。傾向としては、男女平等の達成度が高く、女性がきちんと仕事に就いている国のほうが出生率は上がっているのだし。女性を専業主婦にして夫が家族を養おうとしている国のほうが、子どもを産まない率が高いか。

上野　イタリアでは「南北問題」があって、北も南も、それぞれ違う理由で出生率が低い。南部では専業主婦率が高いから子どもが産めない。というのもシングルインカム（片稼ぎ）で収入が低いから。反対にイタリアの北部では女性の有業率が高いから子どもが産めない。収入はあっても時間がないから。結局どちらも出生率が低くなります。

辻元　住宅補助との関連はどうですか。家が狭いというのも、日本の出生率が上がらない大きな要因では？

上野　出生率に経済力は関係あるけど、家の狭さとかは、ほとんど関係ない。だって、考えてごらんなさいよ。昔は小さな住まいで、大家族が暮らしてましたよ。

子ども年金

辻元　以前、大沢真理さんから話をうかがったとき、「日本の社会保障制度は逆機能している」とおっしゃった。社会保障制度が貧困や格差を縮めるどころか悪化させているというおそろしい指摘に、居並ぶ国会議員は青くなったの。

その影響をもっとも受けているのが子どもたちというデータも見せていただいた。

税や社会保障による「所得再分配」というのは、所得の高い者から低い者へ富を移転させて貧富の差を縮め、貧困などの社会的リスクを防ぐもの。ＯＥＣＤの調査で子どもの貧困率を調べたものがあるのだけれど、所得再分配後には、どこの国も貧困率が低下している。あたりまえよね、そのためにやっているのだから。「どれだけ効果的に税や社会保障が機能しているか」を見るためのデータなの。

ところが日本はどうしたわけか、再分配後に貧困率が唯一上昇している！　何しろ再分配前、つまり政治が何もしなければ、データのあるＯＥＣＤ二五カ国中で日本の子どもの貧困率は二三番め。それが再分配後には九番めと跳ね上がっている（OECD調査、二〇〇九年より）。税や社会保障が逆機能しているわけで、これでは何もしないほうがマシ？　というおそろしい結果があるのよ。

とくに、いま子ども全体の一七人に一人（二〇〇一年）といわれる母子世帯の子どもたちが、もっともつらい状況にある。働くひとり親世帯――ほとんどが母子世帯だけど――の子どもの貧困率は、OECD諸国のなかではトルコに次いで上から二番めで五八％（OECD調査、二〇〇九年より）。

なんでこんなことが起きるかというと、政府は「日本に貧困はない」という前提で政策立案をしていたから。政策のなかから、「貧困」というワードがすぽっと抜けている。

たとえば日本では一九六五年以降、貧困層の実態を正確につかむための調査をおこなっていない。普通はどこの国も、あらゆる政策を見直すために一生懸命貧困の実態をつかもうとするわけ。貧困は放っておくと地にもぐり、社会が不安定化するからね。それで、政治の側からなんとかアクセスしようとする。イギリスでは郵便局に生活保護や障がい者手当、児童手当などの申請用紙が置いてあって、希望する人は用紙に記入してそのまま投函すればいい。

ところが日本では、貧困の実態を把握すれば対策を打たねばならなくなるから、いっそ調べない。私はこれはね、すごく残酷な政治判断だと思う。要するに日本の政治が、もっとも弱い者にもっとも冷たかったという証拠。

国会で正面から「格差」が政治問題化したのは二〇〇六年の通常国会から。国会冒頭の施政方針演説で当時の小泉総理は自分の「改革」を自画自賛していました。野党はいろいろなデータを示して小泉改革の「闇」として格差の拡大を追及したんだけれど、小泉さんは「統計データからは（略）所得格差の拡大は確認されない、また、資産の格差についても明確な格差の拡大は確認されていない」（二〇〇六年一月二三日、衆議院本会議）、「成功者をねたむ風潮とか、能力のある者の足を引っ張るとか、そういう風潮は厳に慎んでいかないとこの社会の発展はない」（二〇〇六年二月一日、参議院予算委員会）と強弁し続けた。

続く安倍政権では「再チャレンジ」を推し進めた。ところがこの「再チャレンジ」が自己責任を前提にしたもので、弱者のセーフティネットにはなりえなかった。

私は二〇〇七年冒頭の通常国会の代表質問で、「格差どころか、新しい貧困層の拡大が深刻だ。子育て最中の一家が年収二〇〇万円以下で暮らせると思うか？」と当時の安倍総理に問題提起をしたところ、「安定した経済成長を続け、経済社会の各層に雇用拡大や所得の増加という形で経済成長の成果を広く行き渡らせるとともに、経済的に困難な状況にある勤労者の方々の所得、生活水準の引き上げを図」るという答弁だった（二〇〇七年一月三〇日、衆議院本会議）。これは、経済成長して「上」が豊かになれば「おこぼれ」がくるから期待しましょうという、新自由主義思想の背骨というか、信念ともいうべき「トリクル・ダウン理論」そのままです。

総理経験者の子や孫たちが世襲で政権をたらい回しにするなかで、これまでにないくらい格差は拡大していく。国会では自民党が「低所得者を助けるのも大事だが、がんばっている人が報われない社会もよくない」という議論にすりかえようと、やっきになっていた。

小泉改革以降、アメリカ型の金融経済が破綻するまで、社会保障を削減し「企業が成長すれば労働者におこぼれがいく」という政策を政府は推し進めたでしょう。いまはガマンしろ、と政府も財界も言い続け、ガマンを強いられているあいだに増大した「貧困」が可視化した。

実は「格差」という言葉は官僚が好んで使ったという話があるのよ。官僚にとって「格差是正」は、せめて努力目標でしかないでしょう。それが「貧困」であれば話が違う。憲法二五条で定める「健康で文化的な最低限度の生活」を保障するのは公僕としての義務になる。

ついに「貧困」が正面から取り上げられていくのが、二〇〇八年秋の臨時国会。その年の年末、日比谷公園の「年越し派遣村」に派遣切りなどで職と住むところを失った人たちがつめかけ、「貧困」がクローズアップされた。厚労省の講堂を一時開放して避難所となるわけだけど、ある自民党の国会議員がその様子を見て、「国家の屈辱」と私に言い放った。じゃあ、国家がしっかり対策すべき。

ところが、「年越し派遣村」などにつめかけた人たちは圧倒的に男。貧困状態のシングルマザーや子どもは見えないまま。しかも生活保護の母子加算も廃止されてどんどん生活は追い詰められている。そのしわ寄せが、もっとも弱い子どもにきている。

子どもの貧困をゼロにするのは、本来、最大の政治課題です。いますぐ国が号令をかけて、貧困の実態をまず調査すべき。私は、貧困は政治災害だと考えているの。だからこそ具体的な政策を打つことで、貧困はなくすことができる。

上野 そのとおり、貧困は人災ね。とくに労働する意欲も能力もある人が、仕事がなくて貧困に陥るのは政治災害。女性の場合は労働する意欲も能力もあるのに、子どもや高齢者のケアがあるばかりに貧困に陥る。それならやっぱりケアを社会化すべき。

とくに子どもは、稼得能力のない者、稼得能力を奪われた者、稼得能力を禁止された者にすべて該当する。それなら、一四歳までのすべての子どもに対して、ユニバーサル(普遍的)な児童給付を月額八万円程度与えるべきだと思う。少なくとも一四歳までは、国が彼らの労働を禁止したのだから、国は彼らの成長を保障する義務がある。いまの児童手当のように一子めで月額五〇〇〇円、二子めで五〇〇〇円、三子めから一万円なんていう焼け石に水の金額ではダメ。「児童給付」と「育児給付」とは別のもの。「育児給付」は親に対して支払われるものであるのに対し、「児童給付」は子どもがみずから育つことに対して支払われる、いわば子どもが子どもであることへの国家からの「子ども賃金」。

一子八万円程度の金額って、親権者を失っても、なおかつ生きていけるに足るだけの額。そのくらいでなければ、児童給付とか、子ども賃金とは言えない。それなら、子どもが二人なら一六万、三人なら二四万。育児専従を選んでも生きていける。ただし年齢制限付きだからいずれは失業もありだけど。よほど子どもが好きなら、次々に養子縁組してもらえばいい。現金給付で子ども本人名義の口座に入金し、親権者が管理を代行してもよいけれど、お国からあずかったお金なのだから、その使い方には監視や介入が入る根拠ができる。子どもは社会からのあずかりもの、と考えて大切に育ててもらいたい。

私には子どもはいないけど、そのためなら税金を払ってもよいと思っているくらい。

辻元　私はね、子ども年金「逆七五三プラン」という子ども手当を個人的にあたためています。月額で一子めが三万円、二子めが五万円、三子めが七万円を一五歳まで支給する。現在の子どもへの給付には親の所得制限などがあるけど、それも外してしまう。

上野　そうすると、三人産んだら？

辻元　一五万円。

上野　一五万か。三子で年額一八〇万円。少ないわね。母子家庭の平均年収約二四〇万にも及ばない。私の案なら三子で年額二八八万。これならもうひとり産んで、育児専従になろうという人も出るかも(笑)。いわば子どもにぶらさがって生きるわけだけど、夫にぶらさがるよりはまし。ドイツでは三子めから児童給付が上がるから三人、四人の子持ちのシングルマザーはリッチ。それをあてにして、再婚希望の男が絶えないって聞いた(笑)。

それに一子、二子、三子で差をつけるのは、いかにも少子化対策。一子めの権利が三子めの権利よりも小さいのかと、第一子は怒りますよ。ユニバーサルな給付なら出生順にかかわらず同一額でゆくべき。

辻元　財源を考えて、私のは合わせ技。ひとり親家庭への支援は別枠でつくる。国は、子どものとき＝子ども年金、歳をとったとき＝老齢年金を保障する。いままでは家族と企業に押しつけてきたけど、国が生存権にもとづいた責任を果たすということを再確認する手立てです。

フランスで出生率が下げ止まっているのは、語弊《ごへい》があるかもしれないけど、子どもを産んだら得する制度にしたから。生活も楽になるよう制度を工夫して総合的に変えていった。日本の場合は負担感ばかりが先に立ってしまう。やっぱりポイントは、子どもをひとりの人格として社会のなかに位置づけること。そして子ども一人ひとりにユニバーサルな支援をおこなうこと。

上野　私は基本的に、子どもが親権者から離れる自由、あるいは親権者を変更する自由をもつべきだと考えて、月八万と言っている。児童給付を「持参金」にして、虐待する親を離れて別のオトナのところへ行けばよい。虐待親だって、子どもがカネづるだと思えば、もっと大事にするでしょう。公的資金が出ているなら、公的監視も可能になるし。ラジカルなことを言えば、愛がなくても子が育つ制度をつくるべき。いまは、どんな親から産まれたかによって、子どもの運命が翻弄《ほんろう》されている。虐待やネグレクトする親に育てられたら最悪だし。

辻元　「カネづるだから手放さない」親も出てくるだろうから、要注意だよ。虐待を地にもぐらせないための環境づくりはもっと整備しなきゃね。

いずれにしても、制度は家庭環境に関係なく、子どもを守り育てるものでなければならない。

子育ての社会化

辻元　問題は子育ての社会化であり、社会全体で子どもという存在をどう見ていくかということです。どんな場面でも、それは同じ。たとえば大企業は自分のところの従業員に対しては、いろいろな手当を出すようになっている。でもそれは正規労働者に限った話。

企業にも、自社内正規労働者に対してだけではなく、子育てへの社会的責任を分担してもらう。一定規模以上の、たとえば五〇〇人以上雇っている企業からは、人数に応じた「外形標準課税」による「子育て税」を徴収する。非正規労働者も含めて、自分のところで働いている社員の数に沿って、税として企業は負担をする。

上野　福祉を企業に依存しないほうがよいと思う。社員の数だって、正規、非正規、派遣、請負とかの雇用形態によって、数え方が違ってくる。さっきあなたが働き方に左右されない社会保障の一元化を、と言ったのは、福祉制度を企業から自立させるということよ。すべての社会保障を企業や働き方に依存しない個人単位のものにするには、一方ですべての労働者に一円稼いだときから所得税を払ってもらう。他方で企業には、雇用者の数に応じてではなく、所得に応じて法人税を支払ってもらう。

このふたつがあれば十分。ワークフェアみたいに、企業福祉を前提にした従来型の制度は、ここまで雇用の柔軟化や流動化が進んだらもう機能しない。大企業に所属していれば手厚い福祉があり、中小零細企業だとそうじゃないというような、企業規模による格差を生まないように制度設計をする必要がある。

辻元　私は、企業というセクターをどう取り扱うかは避けて通れないと考えていて、ある程度、働いている人数に応じて企業から、法人税以外に負担してもらってもいいと思っている。人間をたくさん必要とする企業ほど、自分のところの従業員に限らず、子育てに応分の社会的負担をすべきでしょう。でないと将来、企業体として成り立たなくなる。

税金はその国の「顔」のようなもので、どこから、どのように税金を取るかで社会の質が測れる。また、税は社会連帯のあらわれ。フランスは企業にも社会保障拠出金として負担させている。財源がないなかで、いろいろなお金をミックスさせて子ども手当を増やしていった経緯があるわけ。

上野　雇用者の数に応じてというのなら、相変わらずの企業福祉と変わらない。たとえばオートメーション化の進んだ無人工場を持つメーカーなら、労働者数と生産性は比例してないし、労働集約型だったら、当然労働者の数は多くなる。基本的には、利益に応じた法人税を納めてもらうということだと思うよ。

辻元　なるほど、雇用の逆インセンティブになるのでは、という懸念は確かにある。しかし、全部を法人税に上乗せしてカウントしていくのはむずかしいと思うよ。法人税は一定の比率を守って、環境や子育てに応分の負担をかける。

上野　子育て税をかけても企業の負担は同じ。やはり人件費負担の少ない国外に、資本移転が起きるでしょう。それなら消費が発生したその現場で、ホールセールス(卸売り)も含めて流通のすべての過程で消費税を発生させるという方式が、いちばんじゃないの？

辻元　それもひとつの考え方だね。また特定財源は道路特定財源みたいに税制を硬直化させるから、「子ども特定財源」はだめという議論もある。ただ、環境税はつくろうとしているでしょう。その辺は兼ね合いなの。社会の構成員としての負担のあり方をどうするか。

そして、先の「逆七五三プラン」には所得移転による構造改革、という重要なねらいがある。地域差のない定額給付なので、住宅費などが安い地方に転居して子育てしよう、という若い人も出てくるだろうし、そうすれば地方経済を刺激するなどいい循環が生まれるはず。

戦後、日本は「教育の社会化」「医療の社会化」、そして「介護の社会化」を実現してきた。次は「子育ての社会化」の実現が社会の優先課題。税制も含めてね。

上野 それは賛成。私は介護保険を「家族革命」と呼んでいるんだけれども、やっと介護が家族だけの責任ではなくなった。次の一歩は、育児も家族だけの責任ではない、と。いまはまったく逆方向を向いている。子どもの虐待事件が報じられるたびに、「親の責任」が問われる。こんなに親ばかりが責められたら、親になりたい人たちの足がすくむでしょう。子どもが育つ権利を社会全体が支えるための負担には、シングルも同意すると思う。でも、不妊治療を受けている人は、「子どもがほしくて授からない私にまで税金をかけるなんて、酷《ひど》いわ」って言うかしら。

辻元 純粋に子どものためなら合意はしやすいと思う。でも、子どものいる家族を支えるということになると、割り切れない思いをもつ人もいる。だからやっぱり、「子育て支援」から「子どもの権利の確保」へと政策転換していかないといけないよね。「結果としての少子化対策」と同じで、「結果としての子育て支援」。

それに、子どもの幸せと親の願いというのは重なったり離れたりするでしょう。必ずしもイコールではない。「子どもの権利の確保」というのは、両者が違ったときには子どもの幸せを優先します、という社会的合意でもあるんだ。

上野　そのとおりね。親の負担が重すぎるから、逆に子どもを所有物視する「わが子」意識が強くなるのだから。社会からの大切なあずかりものを、育てる楽しみを味わわせてもらっています、と親になった人たちが思ってくれれば、ね。そうなれば無理に不妊治療を受けなくても、DNAがつながっていない他人の子どもを、育てる楽しみのためにだけ養育する人も増えると思う。どんな子にだって「児童給付」がついてくるんだから。

子どもへのまなざし

辻元　これはつい最近なんだけれども、四五歳を超えたあたりから「自分に子どもがいたらどうだったかな」と思うときがある。すごく子どもが気になりだした。すべての子どもが愛しくて、この子たちが一〇年、二〇年経ったとき、「生きてて、よかったな」と思えるように何とかしたい、という気持ちがフツフツわいてきているわけ。

上野　それは、自分で産まなかったことよりも、年齢の効果じゃない？　私も経験したけど、自分が歳をとると、しだいに学生と親子の年齢差になってくる。あなたもちょうど、いまの年齢がそうでしょう。親子の年齢差になると、自分の立ち位置が子から親に変わるのよね（苦笑）。この子がこんなことをしたら、親はどう思うかしら、って。

辻元　私、上野さんの学生への接し方を見ていて、あらちょっと変わったのかな、と思った。

上野　たしかに変わった。学生が、かわいくてしょうがない。

辻元　何というか、愛情をもって接しているよね。いままではむしろ……。

上野　シゴキ部屋のリーダーみたいな(笑)、「後ろを振り向かないから、自分でついてこい」と。ＯＪＴのことをある官庁では「置いて行くから・自分で・ついてこい」の略語だというらしいけれども、そういうところはあったと思うよ。

辻元　上野さんのまなざしの変化から、私も感じとるものがあったわけ。「産んでへんくせに、なんで子どもの政策が立てれんねん」と言われることがあるのよ。子どもがいないのに教育のことが語れるのかという暴論さえある。しかし、自分の子どもがいてもいなくても、すべての子どもに平等に愛情を注ぐことはできるよ。ひとりも不幸な子どもを出さない社会に変えたいと、とくに最近強く思う。

上野　もちろん親世代の年齢になったから、いやおうなしに親目線になったと思うけれども、子どもを産まなかったというのは、親になった人間の歓びばかりでなく、親なればこその闇とか愚かさという業《ごう》のようなものをついに味わわなかったわけだから、それを知っていると言うつもりはない。親にならなかったから、「親にならなかったおまえに親の気持ちがわかるか」と言われたら、それはわからない。わかるといったら傲慢だと思う。

わからないけれども、私はそのかわり、とことん子ども目線で生きてやろうと思ってきた。

子どものつらさを一生忘れないでいよう、と思っている。親になった人たちが、自分が子どもだったときのつらさを、どうしてあんなに簡単に忘れることができるのか、私は不思議に思ってきた。だからどんなときも、子ども目線で考える。その私にしてからが、年齢の効果で親目線が出てきたのだから、これは「複眼効果」と言うべきかな。

どんな生まれ方をしようが、どんな親から生まれようが、子どもであることの権利はどんなことがあっても守ってあげたいというのは、私が親だからじゃない、子ども目線だから。家族が壊れても子どもが生きていける、愛がなくても子どもが生き延びられる、そんな社会になってもらわないと困るのよ。

そういう次世代が育つためだったら、応分の負担に応じる気持ちは、いくらだってあります。

日本の子育て支援に足りないもの

辻元　日本の子育て支援は非常に貧弱。みんなで子どもの政策を考えないといけないくらい。予算で言えば、日本の家族関連の社会支出はＧＤＰの〇・八一％、年間四兆七〇〇〇億円の支出にすぎない（二〇〇五年度）。親の所得制限がついた少額の児童手当が中心で、さっき話したシングルマザーの子どもに対するサポートは年々縮小している。

出生率の低下を止めた成功例でよく出されるフランスでは、家族関連の社会支出はＧＤＰの三・〇二%で一一兆円くらい(二〇〇五年)。だいたい三〇種類もの給付があるのよ。ひとり親給付、障がい児給付、住宅給付、出生時給付、日常生活への給付まで、カテゴリーにわけて給付している。親の所得制限もなし。

保育環境も大きく違う。保育所以外にも「保育ママ制度」があって、利用率が非常に高い。地域で登録をした人の自宅で子どもをあずかるシステムを公的にサポートしている。この保育ママのおかげで、働く女性たちが、かなり助かったと言われています。二〇〇五年段階で、登録が約三八万人、すでに約二六万人が保育ママに就業しているという。しかも保育ママに払う費用は税の控除対象。日本でベビーシッターを雇うと一時間あたり平均三〇〇〇円はかかるでしょう。

上野 なんでもフランスと言うけれど、日本だって保育制度は悪くない。六〇年代に女の人たちが「ポストの数ほど保育所を」という運動をしたおかげで、四歳児以上の保育所の加入率は高く、幼稚園まで入れると就学前教育の割合はほぼ一〇〇%。それに保育料が収入ベースだから、低所得層には有利。

いま問題になっているのは、三歳児までの保育所、とくに育児休業後復帰するためのゼロ歳児や一歳児向けの保育所が絶対的に不足していること。そのため、子どもの数が減っているのに逆に待機児童数が増えている。若いお母さんたちの職場復帰の時期が、出産後、早期化してきたから。つまり、これまでは末子が学齢に達してから職場に復帰していたのを、子どもが三歳になったら、一歳になったら、と前倒しになってきた。それに働き方の多様化にともなう、時間外保育、夜間保育、長時間保育、病児保育などに保育所が柔軟に対応していないことが問題。

乳幼児保育の不足を補うために、日本でも保育ママ制度に似たファミリーサポートセンターができた。保育所をつくるには、ものすごくコストがかかる。保育所よりも保育ママやファミリーサポートセンターがよいのは、サービスにだけコストをかければよくて、建物や設備にコストをかけなくていいこと。しかし、決定的に違うのは、フランスの保育ママは公務員待遇で、保険・保障があるのに、日本ではそれがないことね。

辻元　フランスでは雇用として定着しているんだよね。

フランスにはその他に大家族カードという制度があって、そのカードを使うと子どもも大人も地下鉄が一律半額になったりする。子どもの移動を助けるなら、大人は親じゃなくてもかまわない。美術館や博物館の割引があるし、ホテルやレンタカー、デパートからピザ屋まで、子どもがいたら割引なんていうところもある。

財源にも工夫があって、全国家族手当金庫というのを設立した。一般社会税という連帯税みたいなもので二割、一般財源から国庫負担で一割、その他が一割。残り六割は社会保障拠出金といって、従業員の支払給与の五・四％を企業に負担させている（増田雅暢『これでいいのか少子化対策――政策過程からみる今後の課題』ミネルヴァ書房、二〇〇八年より）。

一人ひとりの子どもが生きやすくなるためのサポートへと発想の根本を変えていかないとだめ。

たとえばニュージーランドでは、低所得者やひとり親には国が保育料の補助を出している。この国が特徴的なのは、一〇代の母親のための学校があって、そこに保育園が併設されていること。母子には一日二食が提供されていてね、出産で教育を断念せざるをえない中高生の母親と子どもの人生をサポートしている。

アメリカでさえ子どもの貧困対策は真剣にプログラム化されているでしょう。低所得者世帯の三～四歳児に対する就学援助プログラムとして「ヘッド・スタート制度」がある。これは、貧困家庭の子どもが「就学前に少なくともアルファベットが読めるように、一〇まで数えられるように」を目標としている。注目すべきは、このプログラムを提供しているのが「健康および人的サービス省」ということ。日本でいうと文科省でなく厚労省に近い。だから、文字や数字だけでなく、健康診断や栄養サービスも含んでいるトータルな福祉施策になっていて、親も同時に教育する点がすぐれているの。そしてすべてのプログラムが障がいのある子どもたちにも提供されていて、アメリカではたいへんな効果があったと評価されている。

日本でも、保育園が子どものいる貧困家庭を支援する実質的な受け皿になっている例はたくさんあると思う。たとえば新宿区大久保に「エイビイシイ保育園」という二四時間対応の私立保育園がある。ここは外国人が多い町で、しかも歌舞伎町という日本最大の歓楽街に接している。だから、「歌舞伎町で働く外国籍のシングルマザー」などの利用を想定しているわけ。その子どもといえば、考えられるかぎり日本でもっとも弱い存在です。ここの保育に流れているのは、「親といっしょにいることだけが、必ずしも子どもの幸せとは限らない」という発想。だから子どもに昼・夜と二食食べさせて、八時には就寝させる。具合が悪くなったら深夜でも病院でみてもらえるようにしている。それができる地域との関係を何年もかけて築いてきたの。そして、食育や子どもの心のケアまで、勉強会などを通して親の「育ち」も支援する。

まさに「貧困の防波堤」最前線なのだけれども、この園を維持しているのは保育士だった女性園長たちのがんばりなんだ。本当はパブリックがやるべきことなのに、たびたび行政とぶつからざるをえなかった。でも、少しずつ行政がノウハウを吸収しているんだって。もっと二四時間対応の保育園を増やすべきではないかと、研修にきたり。

こうやって、地域ではさまざまな試みが出てきている。石川県では協賛企業を募ってプレミアム・パスポートというのを発行している。地域が総動員で子どもを育てていこうというような政策ね。

上野　ほんとね、「親といっしょにいることだけが、必ずしも子どもの幸せとは限らない」って。私の友人は仕事しながらいろいろなオトナに子どもをあずけて育ててもらって、「この子が影響を受けるオトナが自分だけでなくて、ほんとによかった」と心から胸をなでおろしていました。

たしかに新宿区は子育て支援先進地域ですね。東京二三区内では、いちばん充実しているのではないかしら。東京でいちばん住みにくそうなところが、いちばん子育て支援が充実しているというのも皮肉だけど、子どもが産まれたら新宿区へ引っ越すという「孟母三遷」もあるそうですよ。自治体が少子化対策をしたかったら、答えはかんたん。ゼロ歳児保育や夜間保育を充実させれば、子育て期のカップルは、すぐにも引っ越してきてくれますよ。

フランスがこんなに臆面もなく人口政策ができるのは、国家主義が背後にあるから。国力というと人口プラス領土、だから何がなんでも人口を増やしたいという動機がある。ドイツには絶対に負けたくないしね。ドイツはナチズムの悪夢があるから、あからさまな人口政策をとるには遠慮がある。日本の人口政策だって、国家主義からきていますよ。

辻元さんが言うように日本は、少子化対策と言いながら子育て支援に年間わずか四兆七〇〇〇億円、年次変化で見たら、過去一〇年間ほとんど増えてない。社会保障予算全体が構造改革のもとで削減対象になっていることを考えると、横ばいで減っていないということ自体を評価すべきかもしれないけれども。

政府は口先だけで、実際には子育て支援にカネを出していない。しかも、シングルマザー支援はしない。それに使い方がまちがっている。こんな焼け石に水の金額の児童手当でばらまき行政をやっても、実効性のある支援にはならないと思う。それより保育所を充実させるほうにまわすべき。

ワーク・ライフ・バランスで言えば、日本の働く女性にとって非常に大きい福音だったのは一九九一年の育児休業法。あれは八九年の合計特殊出生率（ひとりの女性が一生に産む子どもの数の平均）一・五七ショックが直接の引き金となって、経済団体連合会（経団連）が突然危機感を抱いたため、慌ててできた。九五年には家庭責任をもつ男女労働者に仕事と両立可能な配慮を求めるＩＬＯ１５６号条約を批准しました。この条約も、長期にわたって批准できなくて、それが課題だったんだけれど、少子化が引き金になって、いつのまにか通っちゃった。

このように法的な整備は次々に進んだのに、実効性がともなわない。育児休業だって制度と運用実績とのあいだには乖離《かいり》があるし、不景気で正規労働者の労働時間はますます延びている。

言いたいのは親になった労働者にとっては、はしたガネをもらうより、時間がもっと大事な資源だということ。労働の柔軟化も含めて、子育てと両立できるような働き方ができないと、いくらおカネを出しても、女性の雇用機会が増えてもムリ。いまでも出産と同時に仕事を辞める女性は七割にのぼっているし、総合職女性だって多くの人が出産とともに職場を去っている。はっきり言って、総合職の働き方では子育てとは両立できないから。働き方が変わらないかぎり、子育てが可能な環境になるとは、とても思えない。カネをばらまくだけではどうにもならないというのが私の考えなんだけれども、働き方を変えるには経営団体の合意を取りつけないといけないから、むずかしい。

辻元　私はね、人口減少を前提にしたシナリオにせざるをえないと思っているのよ。まず、下げ止まればラッキー、みたいな。だから国家主義者も同じ結論にいきつくはずなの。限られた「国土」と同様、限られた人的リソースをどう大切に扱うか。市場原理にまかせて子どもを一定のモノサシで競争にぶちこんで勝ち上がってきたのをすくいとる、という乱暴なやり方では「お国」が維持できなくなるから。だから「少子化対策」から「男女平等政策」、一人ひとりの子どもを支える「子ども政策」こそが、解決の道でしょう。

人材多様性、人を育てる教育

辻元　私は実は、子どものときからずーっと学校の先生になりたいと思っておりました。だから教育学部にいったの。

上野　あなたみたいなキャラでは、市町村の教育委員会の採用人事に通らないかもよ(笑)。

私の友人たちで、この人には教壇に立ってほしいと思ったユニークなキャラの人たちは、採用試験にのきなみ落ちた。やっと産休代替教員や非常勤講師の職にありついても、何年やっても非常勤。いつのまにか歳をとって、採用年齢の上限を超えていた。それであきらめざるをえなかった人を、何人も知っている。

管理主義的な教育の現場では、管理主義に適合的な人材を選抜している。教師が事なかれ主義のところでは、個性のある人材なんて育たない。ゆとり教育とか総合教育とかが出てきたときに思ったものよ、人は自分が経験していないことを教えられない。総合教育の理念はよいが、教える能力のある教師はどれだけいるだろうか、って。

国策のうえでも、いまの日本の高等教育のなかから二一世紀型の人的資本が育っているとは思えない。いまの教育制度がそういう人材を育てられるとも思えない。もし万が一育っているとしたら、それは本当にひたすら子どもの自助努力のおかげ。教育を受けたから、ではなく、教育を受けたにもかかわらず、自分で育った子どもたちだけが生き延びていると言うべきね。

いまの教育のもとでは、そういう個性的な子どもたちが育つ確率はすごく低い。そういう子どもたちは日本の学校を忌避《きひ》して、どこかよその国へ行っているかもしれないし、あるいは不登校になっているかもしれない。人材大国をめざしても、こんな教育のもとではなれっこない。グローバルな教育産業の競争のもとで、日本の高等教育は完全に「負け組」になっている。そのうち英語圏の大学に植民地化されていくでしょうね。もうその危険は目の前に来ているという危機感がある。

社会や集団がサステイナブル（持続可能）であるということを考えると、生物多様性と同じように「人材多様性（ダイバーシティ）」が、やっぱり肝《きも》なんだ。いろいろな人がいるから、いろいろな未知の事態とか経験したことのない事態に対応できる。ひとりの人間が対応する以上に、集団としてより高いフレキシビリティ（柔軟性）が維持できる。

だから、ノイズの発信力のある子ども、ノイズに対して許容度の高い人材を育てることは、とても大事。ところがいまの管理主義型の教育は、ノイズを消去する方向に働いている。ノイズを消去した子どもたちを規格品として、「できのいい子ども」と言うわけね。人材多様性というのは、これからの社会でたいへん重要なキーワードになるはずです。

奨学金制度再考

辻元　現代の貧困を固定化するのは、教育格差でしょう。人生のスタートラインにおける不平等が、これまでにないほど大きくなっている。だから周りに左右されることなく、学びたいとか、社会の一構成員として自分を生かしたいとか、子どもたち自身の思いに門戸が開かれていないと、人材多様性はますます失われていく。それは世界中で起きていることだけれど、とくに日本では教育が家族の経済力とやる気に託されてきたことはまちがいない（図7参照）。

　国の教育にかける費用が、日本は突出して少ない。ＧＤＰ比における国と自治体を合わせた教育への公的支出の割合でみたら、ＯＥＣＤ二八カ国中最下位。就学前教育における教育支出のうち五五・七％が私費負担で、ＯＥＣＤ平均の一九・八％を大きく上まわっている。高校以上になると、さらに大きな差があって、私費負担はＯＥＣＤ平均が二六・九％であるのに対し、六六・三％となっている（ＯＥＣＤ調査、二〇〇八年より）。

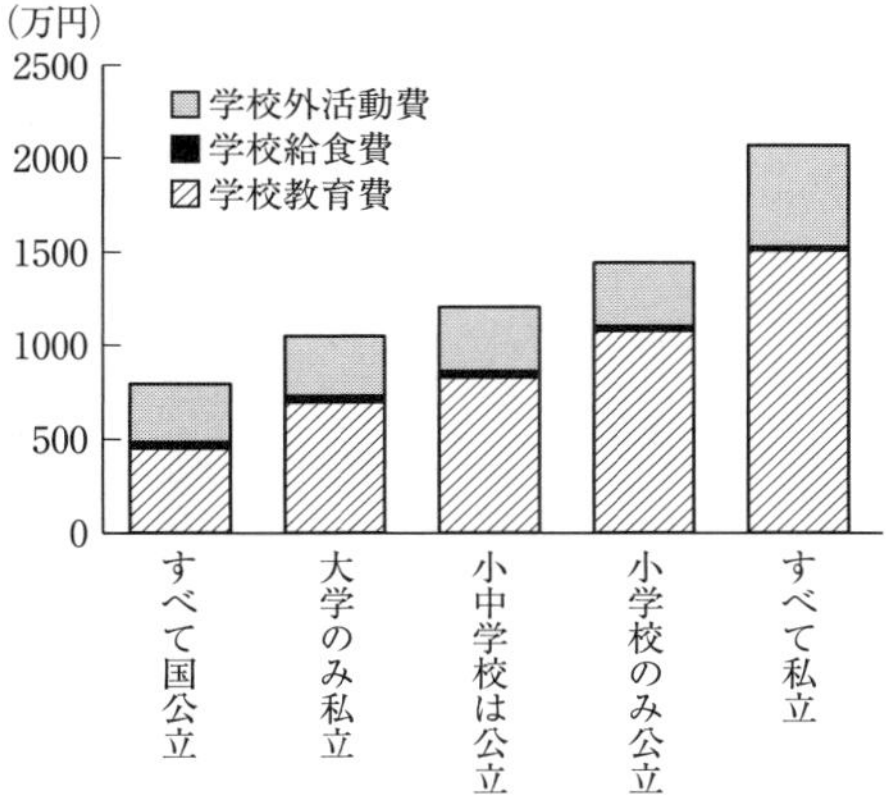

図7　学校種別でみた平均的学習費総額(幼稚園から大学まで)
文部科学省「平成18年度子どもの学習費調査」, 文部科学省「私立大学等の平成20年度入学者に係る学生納付金等調査」, 文部科学省「国立大学等の授業料その他の費用に関する省令」より辻元が作成.

　そして、二〇〇八年二月に国の教育ローンを利用した人を対象におこなったアンケートでは、世帯年収の三分の一が教育費に消えるという結果が出た。しかも年収が低い世帯ほど負担は重く、年収二〇〇万円以上四〇〇万円未満の世帯では年収の半分以上が教育費なのよ(日本政策金融公庫「教育費負担の実態調査」より)。

家族のかたちに関係なく、「愛がなくても子は育つ」にするなら、私は最低でもあらゆる公教育を無償化したらどうかと考えている。

上野　私は反対。

辻元　ヨーロッパでは伝統的に無償化している国が多いでしょう、教育の機会を増やそうと。無償化した弊害《へいがい》も出ているけれど。

上野　基本のきは、教育を親の子どもに対する投資にするなということなのね。投資というのは回収を予期したお金だから、親は投資の元を必ず取ろうと思うでしょう。その点では、あなたに賛成、でも無償化には反対。ドイツでは無償化への反省が起きている。

教育というのは自己資本を高める活動だと考えるならば、高等教育は受益者負担でやればいい。高等教育以上は、自己資本の価値を高めたい受益者が、みずからの負債能力においておこなう。でも、子どもは負債能力をもたないから、将来に先行投資するというシステムを社会がつくり上げる。たとえば一八歳で大学に入学を許可されたすべての学生に、無条件で学資ローンの資格を与える。ローンを組みたい人は組めばいいし、いやな人は組まなければいいわけで。そのローンも、授業料を払ってバイトをしないで暮らせるだけの十分な額で。そうすると四年間でだいたい一〇〇〇万円くらいの債務を負うことになる。一〇〇〇万円の債務を、卒業してから長期にわたって返済していく方式。
ただし、そこにはリスクがともなう。就職しない場合もあるし、踏み倒しもあるかも。これはどんな商品でも同じで、欠陥品発生率を五％くらい見こんで制度設計をすればいい。踏み倒し予防保険なんて商品もつくればいいんです(笑)。
自分が高等教育を受けるときに、少なくとも四年のあいだに一〇〇〇万円の債務者になるという覚悟で、子どもたちに進学してもらいたい。これだけやると、教育受益者、つまり学生の教育付加価値に対する要求水準が格段に上がります。そうなったら、教師は、おちおちしていられませんよ。

辻元　そうか。受益者が「親」のままでリスクだけ社会が引き受けるんじゃ帳尻が合わないね。学費貸与《たいよ》という中途半端なものでなく、生活費も出すというのがポイント。いくら奨学金をもらって大学にいけても、バイトに明け暮れなきゃいけないなら勉強にならない。そういう制度をＮＰＯが仕切っている国もある。

上野　そう。親の子どもに対する投資を、社会の未来に対する投資に置き換えるわけね。ただし、受益者負担の原則で、将来、債務は返済していただく。それがまた次の世代への先行投資の原資になるというしくみね。

辻元　学生自身の勉学へのインセンティブにもなる。

ただ私は、義務教育と高等教育をわけて考えたい。義務教育は給食費などもふくめて完全無料化する。事実上「準義務教育」となっているから高校まで含みます。トータルな就学支援をおこなう。これは子どもの人権として学ぶ権利を保障するためです。さらに、フリースクールなど民間のセーフティネットにきちっと補助金を出していく。そして義務教育との相互乗り入れを容易にする。いわば途中下車や乗り換えを可能にするの。これらを無料化するのが無理なら、子ども自身が学びの場を選べるだけの額をユニバーサルな児童給付で保障する。現在の子どもは国に働くことを禁じられているのだから、国が保障するのは当然。児童給付の増額と義務教育の完全無料化はセットにしたい。そして、義務教育の内容を何歳になっても学べるようなシステムを整備する。夜間中学がどんどん閉鎖されているけれど、いまこそあれは必要だ。

次に高等教育。ここから先は、機会の平等の保障です。いままで話したような受益者負担で生活費まで含む学生ローン制度。加えて、入試制度を変えて高校・大学を入りやすく出にくくする。

問題は〝財布〟です。財政再建の波は、教育も直撃している。たとえば、お金がないから教師の数を減らすと。しかし教育に投資することは、社会の礎《いしずえ》を築き未来への投資をすることになる。だから、ここの予算を削ることは社会の首をしめることになる。

フィンランドはOECDの国際的な学習到達度調査(PISA)でトップに躍り出ていったよ

ね。同時に経済競争力もトップクラスになった。フィンランド経済は一九九〇年初頭のソ連崩壊で、破綻寸前に陥ったの。ソ連に頼りすぎていたからね。三年間でＧＤＰは一〇％減、失業率一七％まで落ちこんだ。

ここでフィンランドがすごかったのは、教育に予算を集中投下したこと。若い文部大臣を抜擢して、とにかく地域の学校に権限を与えて、中央政府の役割は余計な国家介入がないかを監視することに特化したの。「未来に投資」という国家的合意を、あの危機のなかでつくり上げたのよ。そして教員の社会的地位も向上した。いまでは学生のあこがれの職業ナンバーワン。そのかわり要求されることも、きびしいけれど。

日本はフィンランドの教員養成プログラムを参考にすべき。それなのに安倍政権で教育関連三法を変えて、文科省の定めた講習を受けないと教員免許を「更新」させないなんてバカバカしいことを決めた。これ以上、現場のモチベーションを下げてどうするんや。まして「人材の多様化」をうたいながら、その人材を育てる教員を一律化しようなんて政策矛盾も甚《はなは》だしい。

私は生徒二〇人に教師一人と補助教員一人を置き、生活やメンタルな面のケアをしていけば、教育、ひいては社会は変わると思うわけ。

とにかく言えるのは、現場を信じること。そして、人にお金をかけた国は経済競争力も上がる。目的化すべきかどうかは別にして、いくつかの国はその好例にはなっているのだから。

上野　ほんとにそうね。人材立国と言いながら、人材つぶしばっかりやってきたのだから。東京都は、とくにひどい。「君が代・日の丸」を公立学校の学校行事に強制したうえで、それに従わない教師を次々に処分したり、学校の職員会議は意思決定機関ではないからと教師の発言を禁止したり。子どもたちに性教育教材を創意工夫して教えようとした七生養護学校の性教育に介入したり。現場の教師の「思想の自由」「言論の自由」を統制して、自由な発想をもった子どもが育つはずがないじゃないの。

六〇歳マイナス二〇歳の世代は、自分たちが受けた教育を、どんなふうに評価しているんだろうか。アラフォー(四〇歳前後)世代は女性の学歴も高くなった、ポスト均等法世代。でも、彼女たちには学校歴はあっても、教育歴はあるんだろうか。

辻元　うーん。私はちょっと上の世代だけど、まさしく学校歴やなあ。入るまでは勉強したけれども、あとはピースボート活動まっしぐらやったからなあ。「地球が私の学校や」とか言ってたけど。上野さんの時代は勉強したよね。あっ、違う。学生運動の時代か。

上野　だから、してない。だって学校をとことんばかにしていたから、していなかった。学校を通過することだけが意味をもっていて、そこで何をするかは問われなかった。

バブル期までは、企業の人事担当者が、大学教師に「何も教えなくていいから、白紙の状態で送り出してください、あとは私たちが引き受けますから」と言ったというエピソードが伝えられている。学生の「放し飼い」でよかったから、教師にとってもラクな時代だった。

一定の年齢層の人々が輪切りで進学していくというシステム自体が奇妙ね。いったん中学、高校を卒業して外に出て、進学の動機づけをもってから学校へ戻るときに、さっきのような教育ローン制度があれば、安心して仕事を辞めて、フルタイムで学生をすることができるのに。

辻元　シングルマザーも、子どもを抱えながら、もう一度、高等教育が受けられる。教育のフレキシキュリティを担保することになる。

上野　そうそう。だからどこかの大学に合格したときに、無条件に四年間で一〇〇〇万のローンを組む資格が発生するというシステムになっていればいい。そういうふうに何歳からでも、ニーズがあったときに、教育を受けて再スタートができるというのが、本当の再チャレンジ策よ。いまの高等教育業界の最大の問題は、教育ニーズのない人に教育サービスを提供していること。これが教育サービスの退廃のもとなのよ。

教育ニーズのある人が入ってきている社会人大学院では、教師が試されているもの。そういう人たちが、しかも債務を背負ってやってくると、高等教育は必ず変わる。

高等教育機関が本当に労働力のリカレント、つまり自己負担のもとでの人的資本に対する自己投資、というふうになっていくと、本当の教育ニーズが生まれて、それに合わない教育サービスに対しては淘汰《とうた》が働くでしょう。その次には、人的資本として、みずからをバージョンアップした人たちの受け皿が必要。それには、年齢差別の禁止をともなわなければ、その人たちの行き場がない。だから、性差別禁止法に加えて、年齢差別禁止法は、絶対必要。

日本学生支援機構(旧・日本育英会)の貸与制度も、以前は選考があったけど、いまは、希望者はほとんど全員受けられる。それも給付じゃなくて貸与だから、もちろん返済義務がある。その返済のインセンティブは、「あなたが受益したように、あなたが返済したおカネが次の世代の人たちに回りますよ」ということ。それでも踏み倒しがあるそうですが。

辻元 さっきの子育ての話とつながるよね。子どもそのものに給付があるわけだ。そして親もローンを受けて学校に入り直して、新しい仕事に復帰することが可能になるわけ。

上野 教育ローンに国籍も関係なくしたら、外国人も入ってきてくれる。

辻元 新しい価値とか人的資本がくる率が高くなる。

上野 絶対そうよ。外国の人に、日本のおカネで日本の学校で教育を受けてもらって、日本に還元してもらえばよい。

アメリカの高等教育はグローバル・マーケットが相手。オバマ大統領の父親がケニアからの留学生だったように、国籍を問わず優秀な学生を奨学金付きで受け入れて、自国で養成した人材をあらゆる分野に参入させています。オバマみたいに移民二世で大統領にまでなる人もいるし。彼自身が強調しているように、教育の効果ですね。

結局、人材に投資したもとを自分たちの社会に還元してもらっているのと同じこと。教育ローン債務者になれば、返済義務が発生するから為替格差の大きい地域から来た留学生は自国に帰ると不利になる。それなら日本国内で就職するインセンティブが上がるでしょう。問題は彼らを内部労働市場に組み入れようとしない日本企業の体質です。彼らはそれをよく知っているから、せっかく国費で留学生を育てても、よそに逃げられる結果になっている。世界中から優秀な人材を集め、高い教育付加価値をつけたうえで、自分たちの社会に能力を還元してもらうしくみをつくっているのがアメリカです。これならトップを走り続けることができて当然でしょう。

辻元　いま労働と子育てと教育のシステムがリンクするように話してきました。その根幹に家族があり、性別役割分業があることも。どれか一個を変えればいいのではなく、一個変えたらほかも連動して変えていかなくてはいけない。

上野　そうね、子育てと教育と労働とはセットで考えないとね。教育自己ローンは親子関係も変えます。つまり、教育を親の投資にしないということは、別な言葉で言い換えると、子どもを親の生産財にしないということなの。生産財というのは、それによって収益を上げるためのもの。投資は将来の回収をあてにしていますからね。そうなれば、子どもは純粋な消費財になるから、「一八歳まで私といっしょにいてくれてありがとう、育てさせてくれてありがとう」。

それだけで必要かつ十分。親から子どもへ、それ以上の期待も負債も負わせないですむ。それに児童給付がつくから、ますます親は子どもに恩を着せることができなくなります。私は東大生を見ていてかわいそうでしかたがない、親からの期待の重圧にうちひしがれていて。あの重荷をちょっとでも軽くしてあげたいのよ。

スウェーデンでは児童給付は一八歳まで。一八歳以降、働きに出る子は働きに出て、進学する子は教育ローンを組む。それなら、親の負担はすごく減るよね。子どもを生産財だと思わずにすむ。

辻元　いっしょにいてくれてありがとう、という貸し借りナシの感謝の気持ちをもち続けられたら親の人生は変わる。いつか子どもは社会に「帰っていく」のだから、その後に自分が誰とどうやって生きていくかを、子育て中から意識せざるをえなくなる。教育への再チャレンジを通してチャンスを広げることになるよね。そして、そういう親の姿勢が子どもに伝わればいい循環が生まれるはず。自分の人生は自分に責任がある、だから学び続けるんだ、と。

上野　内心いちばんこわいのは、そのようなシステムが生まれたとして、いまの高等教育に、現場から生まれる教育ニーズを満たすに足るだけの、質の高い教育サービスを提供できるかどうか。いまそれが問われているわね。

第3章　医療、介護、年金

医療崩壊

辻元　この章では、医療、介護、年金という社会保障の根幹をなしていることを取り上げたいのですが、それぞれが非常に大きなテーマで、さらに時々刻々動いている。そこで、ここでは、世代間連帯という点から見ていきたいと思います。「医療」では、高齢者から若年層までさまざまな世代が医療を受ける機会が得られるように、ということから、医師数のこと、そして、医療保険のことを中心に。

いま、医療崩壊が深刻化していますが、その原因は、医師の仕事量増加と人員不足と言われます。そこに疲弊《ひへい》して訴訟リスクに悩む医師自身の志気低下も指摘されている。

さらに制度が変わり、研修医が自由に研修先を選べるようになって、大学病院離れが進んだことが地域の医師不足に拍車をかけた。これまで大学病院の運営は若い研修医の異常な激務に

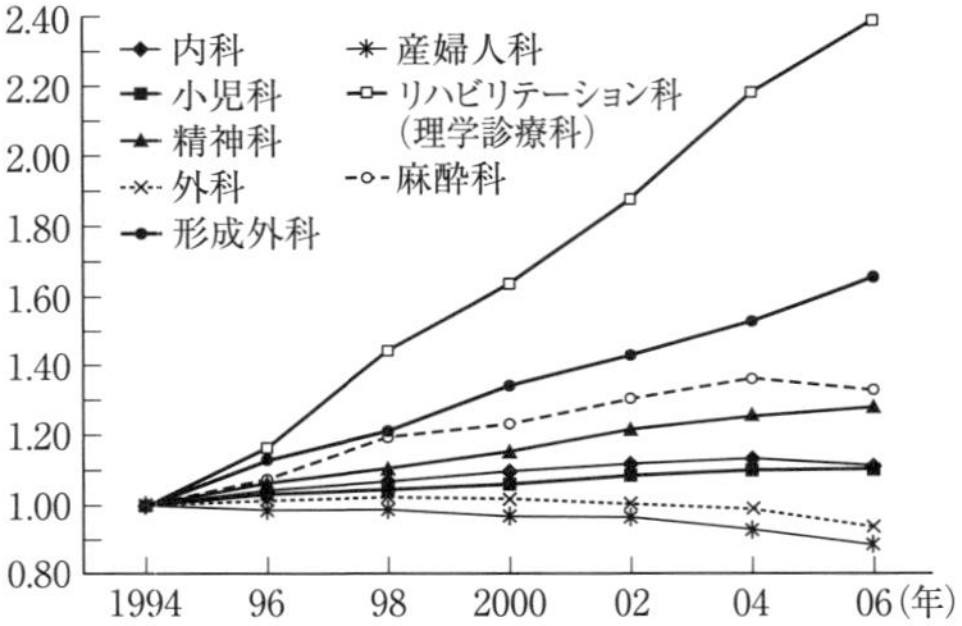

図8　診療科別医師数の推移(1994-2006年)
出典：厚生労働省「医師・歯科医師・薬剤師調査」.
注1：1994年を1.0とした場合.
注2：内科は心療内科，呼吸器科，消化器科，循環器科，アレルギー科，リウマチ科，神経内科を含む.
外科は呼吸器外科，心臓血管外科，小児外科を含む.
精神科は神経科を含む.

支えられてきたけど、大学病院の研修医の不足を補うため地方に派遣してきた医師を呼び戻すようになったから。地方病院に残った医師の負担はさらに増え、燃え尽きて、廃業する。周辺の病院に患者が殺到するから、またそこで同じことがくりかえされる……「負の連鎖」です。また、産科や外科など激務かつリスクが高い科を選ぶ人が減ったと言われている。かわりに形成外科などが増えていると(図8参照)。過疎地の病院を選ぶ人も減っている。

上野　日本は医療崩壊と言うけれども、医療の社会主義化がとことん進んでしまったイギリスは、医療サービスの水準が低レベルで、予約を入れたら診察が五週間後とかいう状況。それに比べれば、日本のほうがまだマシ。それに、まだ人的資源が崩壊していない。専門の偏りはあるけれど。医学部の志望者は減っていないし、こんな劣悪な条件で、日本の医者はよくがんばっていると思う。ただし地域格差と医師のあたりはずれは大きいけどね。

辻元　戦後、国民皆保険を実現し、全国どこの医療機関でも平等な医療サービスが受けられるようにがんばってきたことは事実。その結果、日本は世界一の長寿国、世界一低い乳児死亡率の国になって世界保健機関（ＷＨＯ）の総合評価も世界一位となった（WHO World Health Report 2000）。しかし、小泉構造改革が医療分野にも市場競争原理と規制緩和を持ちこんできたことからおかしくなりかけている。

上野　格差社会では、カネの切れ目が命の切れ目ね。社会疫学という学問分野がありますが、その研究者が所得と寿命の相関を出している。調査の結果、いろいろなデータがあるけれども、こわくて外に出せないものもあると言いますね、あまりに露骨に相関しているから。

お金持ちほど健康状態がよくて寿命が長く、貧しい人ほど健康リスクが高い。民間の保険業は結局確率論のビジネスですから、貧しい人ほどリスクの確率が高く、そうなれば保険料が高くなる理屈です。公的健康保険のないアメリカでは、二〇〇七年で無保険者が四五七〇万人いるといいます（Census 2007）。

辻元　医師不足を厚労省が認めたのは二〇〇八年六月。それまでは、「医師は過剰になるから、偏在をならせば大丈夫」と言い続けてきたの。この状況を変えるには、公的サービスの根幹をになう人材は公的資金で育成するという社会的合意をつくることが必要だと思う。金持ちの子しか医者になれないような今の状況は、おかしいでしょう。教育の機会平等を保障することは、医療の質の担保に直結する。

ここでも「暮らせる奨学金制度」が生きてくる。とくに医学部は卒業の厳格化とセットにする。国公立大学と私立大学の医学部で、学生の負担が大きく違わないようにすることも必要です。国公立の定員を増やすか、私立大学に通う学生の奨学金を大幅増する。

もちろん医師の激務軽減のため、超過勤務時間の制限など労働条件の改善と診療報酬体系の見直しは絶対必要。とくに産科、小児科、麻酔科はね。

こういうことを言うと、「医療に金がかかり過ぎる」と言う人たちがいるけど、実は日本の医療費にかける予算は非常にお粗末。二〇〇六年のOECD調査では、対GDP比総医療費でみると日本はOECD三〇カ国中二一位。一位のアメリカは一五・三%。フランス一一・一%、ドイツ一〇・六%と主要先進国が一〇%前後なのに比べ、日本は八・二%(ただし日本は二〇〇五年のデータから算出)。

医師数も少ない。二〇〇六年の人口一〇〇〇人あたりの医師数ではイタリア三・七人、ドイツ三・五人、フランス三・四人、アメリカ二・四人に比べ、日本は二・一人。医療と教育を公的サービスの基本とする社会の再確認が必要なのです。せめて他の先進国並みにはすべき。

保険制度をどうするか

辻元　健康保険制度も立ち行かなくなってきている。友人の、実業家で作家で活動家の辛淑《シンス》玉《ゴ》さんは、子どものころ病気になるたび「ミノベさんがお前の命を助けてくれたんだよ」と母親に言われたそう。公的サービスから外された在日韓国・朝鮮の人たちに対して保険適用を決めたのが、当時の美濃部亮吉都知事だったからです。

「安心して病院に行けるというのは、毎日緊張しながら生活しなくてもいいということ」という言葉が同世代の彼女から出てくるのを聞くと、国民皆保険は「あってあたりまえ」ではないのだ、と思い知らされる。国民皆保険は一九六一年に完成したんだけど、そもそも会社勤めと自営業の人にという発想だったから、事業所や職域という単位を基礎にして健康保険制度を組み立ててきた。雇用されている人たちに対しては、企業別の組合管掌健康保険(組合健康保険)と中小企業などが加入している全国健康保険協会が運営する「協会けんぽ」(旧・政府管掌健康保険)などがある。市町村単位で運営されている国民健康保険は主に自営業の人たちを対象にした制度。七〇年代以降、農林業や自営業の人たちが高齢になって国民健康保険の財政が苦しくなってきた。市町村によって税金をどれだけ注《つ》ぎこめるかが違うから、ものすごく格差が広がってきている。

二〇〇八年度の予算審議でも、健康保険の財政難が焦点になった。中小企業が苦しいので協会けんぽに大企業の組合健康保険からお金を移せとか、国民健康保険に定年を迎えた団塊の世代がドッと入ってきたので組合健康保険から財政的な支援をしろとか……。複雑怪奇な調整を重ねているんだけれども、お互いに文句を言い合うだけで場当たり的な対応にとどまっている。どうしてこうなるかといえば、しょせん制度の延命を図っているにすぎないからで、加入者間の不公平感も解決しなければ世代間の不満も高まるばかり。

各種健康保険が乱立するいまのシステムだと、最後は国民健康保険にどっと流れこんできてしまう。少子高齢化が進めば国民健康保険そのものがパンクする――そんな懸念を議論の出発点に、国会では四つの改革案が出ていた。

一つめの案は一元化。ひとつの保険制度にして自分の収入に見合った健康保険料をかけていく。収入が高ければ、保険料をたくさん出してもらおうという方向性。

二つめの案は突き抜け方式。会社で健康保険料をかけてきた人は、定年後も企業の健康保険で面倒をみる。国民健康保険の人は、国民健康保険で将来にわたって面倒をみるというもの。

三つめの案は、各種健康保険間で財政調整を続けていくというもの。

四つめの案が、七五歳以上の高齢者だけ別保険にするという後期高齢者医療制度だった。

いずれにせよ、実態調査などやるべきことが多くて議論には時間がかかることがわかっていたし、命の問題だから、ていねいな対応が必要だった。そして時間がかかっても、みんなの納得がいちばん大事なことだった。ところが、小泉政権は議論を打ち切って、いちばん批判が多かった後期高齢者医療制度をいきなり強行採決したわけです。

上野　自民党政権が最近まで何でもやりたい放題だったのは、小泉郵政選挙で衆議院議員総数の三分の二、絶対安定多数の勢力を得たからこそ。政府・自民党は支持層のなかにある高齢有権者の反発を考えなかったのかしら。それくらいおごり高ぶっていたのかも。施行の二年前には国会で成立していたのに、施行直前になって猛反発がきました。争点にしなかったメディアも問題ですね。

介護保険制度ができたときには、二〇〇〇年の施行時から、四〇歳以上のすべての人々から保険料を徴収することが決まっていた。とくに高齢者は年金から保険料を天引きされるということがわかったとき、それに対して反発がくることが十分予測できたから、半年前に亀井静香自民党政務調査会長(当時)の「鶴の一声」ならぬ「亀の一声」がありましたね。介護保険法そのものは、九七年にすでに国会で成立していた。二〇〇〇年施行に向けて粛々《しゅくしゅく》と準備が進められていた最中に、毎月お金を取られるということがわかった高齢者の不満をなだめようとして、高齢者からは半年間、徴収を延期するというめちゃくちゃな政治介入をしたのが、亀井さんです。

七〇歳以上の有権者は、これまではずっと安定的な与党支持者でした。その人たちが、後期高齢者医療制度には「年寄りに早く死ねというのか」と本気で怒りました。「後期高齢者」という命名がけしからんという声もありましたが、「後期高齢者」というのは、もともと、たんなる統計上のカテゴリー。別に価値づけを与えるような用語じゃないのだけれど、この言葉が庶民感情に与える影響をまったく忖度《そんたく》しなかったというのも、実に役人的よね。生きているあいだから「晩年」て言われるとイヤなのと同じ。

辻元 障害者自立支援法も同じだと思うの。障がい者施策に応益負担という考え方を持ちこんだ。サービスを受けるのだから、多く受けたらその分多く払えと。

障がいが重い人のほうが、たくさんの介助を必要とするのはあたりまえ。この介助は「サービスを受ける」のではなく、「生きていくための権利」であるというのは国際的な常識。だから支払い能力に応じた応能負担だった。それを応益負担に変えたため、現場からは自立阻害法という声があがっている。

上野 「小さな政府か、大きな政府か」という議論がずっとあって、ネオリベ(ネオリベラリズム、新自由主義)改革では、ほとんどの国が「小さな政府」に舵《かじ》を切ってしまった。高福祉を要求したら、ただちに返ってくるのは高負担。「高負担・高福祉」でオーケーかという議論になる。

福祉社会学の武川正吾さんは、公共性をめぐる社会意識調査をやっていますが(武川省吾編

『福祉社会の価値意識——社会政策と社会意識の計量分析』東京大学出版会、二〇〇六年）、彼のデータによると、より手厚い社会保障のために、現在以上の負担に応じる用意があるかという問いに対して、五〇％以上の国民が「イエス」と答えている。他の調査でも似たような結果が出ています。

高負担とは言わないまでも中負担程度で合意形成ができるはずなのに、それが政治課題にならない。自分たちの負担を託すべき政府に対する信頼が欠如しているから。ここのところがすごいネックなんだよね、日本の場合は。

辻元　健康保険については、さっきの四つの改革案のなかで将来的には全国知事会などが提言しているような「一元化して所得比例」の方向かな、と私は思っていた。職域で区切る保険制度では、非正規雇用の人が増えている実態とも合わなくなっているし……。ところが、厚労省の官僚の机上の空論で押し切られていった。

立ち上がる高齢者

上野　高齢者がこれだけ有権者としては多数派なのに、なめられているとしか思えない。障がい者のほうは、まだ声が大きい。日本の高齢者は、なめられるような態度しかとってこなかったんだ。でも、これからは違うと思うよ。

辻元　政府は二〇〇二年度から社会保障費の自然増分を削減することを決めた。初年度三〇〇〇億円削って、二〇〇三年度以降は二二〇〇億円ずつ削ってきた。国民の負担アップが続いてきたところに、後期高齢者医療制度がドカンときた。

高齢者にとっては、不安と同時に、自分たちの尊厳を傷つけられたという憤りがあると思う。何十年も働き続けて保険料を納めてきた。そして歳とって病気がちになってやっと保険を使おうというときに、「あんたらは別保険に行け」と放り出されて。そして勝手に年金からの天引きが始まった。さすがに、これはあとで改められたけど。

「自分たちは戦争で生き残り、戦後日本を支えるため歯を食いしばってがんばってきたのに。歳とったら国は、この仕打ちか」と怒りが爆発し、それも自分たちの声を聞かずに強行採決で決めたとますます不信感が広がった。単純に金額の多寡《たか》ではないの。

ちょうど政府が後期高齢者医療制度を「長寿医療制度」と呼びかえたころ、バリアフリーのグループリビング「COCO湘南台」を訪問したんや。そうしたら代表者の西條節子さんがこうおっしゃった。「長寿医療制度の『ちょう』は懲罰の『ちょう』だ」と。実に的確な批判だったんだ。ほかの入居している方々も、「年寄りが大事にされない。だから、子どもたちが先に不安を感じて希望がもてないのよ」と口々におっしゃる。自分の保険料は上がらない人までも、「そんな社会にしたらあかん」と怒っている。福祉という概念を壊す、社会連帯をばらばらにする制度を打ちこんではならないということです。

論文まで発表して、ただちに凍結せよと訴えたのが、自民党元総務会長の堀内光雄さん。この方も後期高齢者で、『文藝春秋』(二〇〇八年六月号)に「『後期高齢者』は死ねというのか」という論文を書いた。「長年にわたって保険料を支払い続けてきた場所から、本人の意志も確かめずに一片の通知で保険証を無効にする、そんな強権が国にはあるのだろうか。不快感と寂しさを抱いたのは私だけではないだろう」。こう書き出している。そして、「国民が安心して老後を過ごせる制度を作るのが、官僚、政治家の仕事だ。長年にわたり、日本の発展に貢献してきた高齢者たちに、寂しさや悲しさを感じさせるような国に未来はない」としめくくっている。

結局、後期高齢者医療制度には全国で二〇以上の地方医師会が反対し、地方議会も三割が反対する結果になった。年齢や病気の種類で区切るのは差別や社会的排除につながるでしょう。世界中で社会保障は「老いも若きも社会全体で支える」というユニバーサルな方向に流れていっているのに、それにも逆行している。

上野　それに終末期医療にカネがかかる、というのは実はウソ。「スパゲティ症候群」とか言いふらしてカネのかかりすぎる終末期医療を抑制しようとしているけれど、事実にもとづかないプロパガンダよ。

二〇〇八年、立命館大学GCOE「生存学」創生拠点と読売新聞が共同調査した結果では、終末期に医療過剰があるのも事実だけど、医療抑制がおこなわれている現実も浮かび出た。それも家族の意向でね。こういうことはきちんとエビデンスにもとづいて議論してもらわないと(「終末期医療　全国病院アンケート　福祉やケア不足　延命　苦悩の現場」『読売新聞』二〇〇八年七月二七日)。

煽られる世代間対立

上野　日本に障がい者運動はあった。女性運動はあった。でも、当事者運動としての高齢者運動はなかった。障がい者は要求して権利を獲得してきたし、女性も権利を闘いとってきた。なのに高齢者は連帯して闘うということがなかったのね。日本の高齢者は、これまで自分たちの権利を守るために声をあげてこなかったと思う。黙っていても棚からぼた餅で権利や制度がくるわけじゃない。介護保険だって、「利用者中心」とはいうものの、要介護高齢者本人たちが声をあげてできた制度じゃなくて、家族介護者の負担軽減が主たる目的だったものね。

その点では、後期高齢者医療制度への反発は、高齢者がみずから怒りの声をあげた最初の動きかも。もともとこの制度は、若い世代のお荷物になってきた高齢者医療を切り離して、負担の公平を図るものだったとか。高齢者が声をあげれば、メディアや政治が、世代間対立を煽《あお》る方向にキャンペーンを誘導する可能性もある。

「高齢者を大切にする社会」とか言うと、ただちに「若者の犠牲においてか」みたいな反応が返ってくる。高齢者が政治勢力になれば、世代間対立を煽るリスクが出てくるでしょう。でもそれに乗ってはダメ。

若者に対してメッセージを送るとしたら、「安心して老いられない社会には、安心して生き続けられない」とはっきり伝えたい。高齢者の安心は、高齢者だけの安心じゃない。歳とってから切り捨てられるような社会で、誰が安心して働き続けられるだろうか。社会連帯のなかには世代間連帯が含まれる。世代間の対立を煽るような分断支配の構図に乗っかってはいけない。

辻元　まず年齢で区切るという、こんな制度は世界中どこにもない。だって「保険」はリスクの分散なのに、病気になるリスクが高い人たちだけを集めて持続可能なわけがない。それを「次世代にツケを負わせるな」と若者と高齢者の対立を煽ることで目をそらせようとしている。

いま私の国政報告会には、六〇歳以上の方の参加が多い。団塊世代が定年退職して、学生運動の時代を経験して政治に関心があるものだから、急に増えたわけ。ある会でね、若い人が途中で自転車で帰ろうとしたんや。それで「せっかく来てくれたのに、何かひとこと」と追いかけた。そうしたら、「戦後好き勝手にやってきて国の借金もつくったおっさんたちが若者世代にツケを残したのに、まだ偉そうに後期高齢者医療制度反対とか言って、むかつくわ」と。

上野　何歳ぐらいの若者？

辻元　三〇代かな。一方で、そういう不満は若者のなかにかなりあるわけ。

上野　そうね。ネットのなかでは、上の世代に対するルサンチマン（怨恨）が横行している。「社会連帯」が完全に空洞化する前に、何とか手を打たなきゃ、という危機感が私にはすごくある。未来はいつでも希望に満ちているとは限らない。いまより悪くなる未来だってある。でもまだまにあう、遅すぎない、と信じたい。

辻元　明らかに分断統治が効いていると痛感したわけ。背筋がちょっと寒くなった。だからこそ、いま希望のもてるビジョンをつくり直さなければと思ったの。

ソーシャルな原理を接ぎ木する

上野　官僚のなかにも、ネオリベ派官僚と社会民主主義派官僚がいるでしょ。どちらかを二者択一するという話じゃなくて、配合の程度が問題。

ネオリベ改革は、ほとんどの社会がグローバリゼーションに対応する過程で、避けて通れないものだった。ただし、市場は完璧ではないということを、認めなければいけない。市場には限界がある。だから、市場の失敗を認めて、それを補完する「社会民主主義的な再分配の原理」をもってくる必要がある。市場原理と社会民主主義的な再分配の原理とは、水と油。制度的一貫性がないから、接《つ》ぎ木とも言う。

ドイツでゾチアール・マルクト(社会的市場)という概念を学んで、ものすごく勉強になった。マルクトというのはマーケット(市場)ね。それにソーシャル(社会的)な原理を接ぎ木する。市場原理とは異なるものを、それこそ水と油のように異なるものを、接ぎ木するわけ。そこには制度の一貫性などないけど、水と油だからドレッシングになる。ほんらい混じらないものをブレンドする。ブレンドする配合がよいと絶妙な味が出る。ネオリベか反ネオリベかという二者択一じゃないのよ。

だからこそ、政治的に対抗勢力の存在がものすごく重要だった。五五年体制のなかでは対抗勢力の出した代替案を保守政権が取りこんでいったからこそ、バランスがとれてきた。それがなくなってしまったら、今度はネオリベ派がやりたい放題になって、歯止めがきかず、バランスが崩れてきた。でも、有権者は賢かったから、二〇〇七年の参議院選挙では押し戻したわけよね。

個人単位の医療制度へ

上野　私は、実は、後期高齢者医療制度の理念そのものには反対じゃないの。どうしてかというと、七五歳以上の高齢者を扶養家族から外して自分の保険に加入するようにしたこと。それなら、年金受給年齢の六五歳以上からの高齢者をすべて扶養家族から外したほうがよい。

扶養家族として世帯主の健康保険に入れるのは、稼得能力のある配偶者か子どもがいる人だけ。たとえば家族のいない「おひとりさま」の高齢者は、誰の扶養家族にもなれないから、自分で保険料を負担しなければいけない。子どもに早死にされた人、うんと長生きして高齢逆縁を経験した人、子どもが稼得能力を失った人などは、すべて被扶養者から外れる。扶養者を失ったその時点で、保険料が上がるなんて、ものすごく不公平じゃない。

六五歳以上、年金受給年齢から、すべての被保険者を被扶養者から外すというふうに制度改革すればよかったのに。自分の年金があるなら、誰の扶養家族にもならないのが原則。でも、そのためには、年金が高齢者の生活を支えられるくらい十分な額でなければならないけれどね。

基本的には、世帯単位の制度設計を個人単位に変えることが前提。個人単位で制度の一貫性を求めればよい。

辻元　制度を一元化させるなかで、個人単位に変えていくことができる。

上野　そういう抜本的な改革案が念頭にない、現状糊塗《こと》的な弥縫《びほう》策だったから、猛反発を受けたのよ。医療費抑制という動機がもろに目に見えたから、医者からも反発があった。

辻元　この新しい制度のもとで負担の増えた低所得者も多いでしょう。そして将来の負担増。制度の財源は、七五歳以上の高齢者が一割負担。七四歳以下が四割。税金は五割となっている。高齢者の医療費が増えれば増えるほど自分の負担増につながることは、誰でもわかる。健康保険制度が破綻するというのは、継《つ》ぎ接《は》ぎでパッチワーク的な見直しだから。後期高齢者医療制度で「災いを転じて福となす」じゃないけれども、もう一回制度設計をトータルに変える方向にもっていかなければいけないし、もっていくべきだと思うのね。

たとえばイギリスは、ブレアが出てくる前の九〇年代、確かに医療は悲惨な状況だった。それがブレア政権で医療と教育の充実に集中的にとりくんだ。いまでも危機と闘っているのだけれども、それでも学ぶところは大きい。

二〇〇〇年に、二〇一〇年までに公立病院を一〇〇増やす、二〇〇四年までに七〇〇〇病床新設すると具体的な数字を出して目標を決めた。二〇〇〇年は九万七〇〇〇人だった常勤医の数を、二〇〇八年には一三万三〇〇〇人に増やしている（英国国際関係省資料より）。ＮＨＳ（国民保健サービス制度）の予算も二〇〇二年度から〇七年度まで平均七％ずつ増やすと報じられている（英『ガーディアン』紙、二〇〇二年四月二六日）。

一方で医療のムダも削っていく。ブレア政権では、第三者機関をつくって病院業務を透明化していくことを推し進めたの。医療の質や満足度を利用者が答えるだけではなくて、第三者機関が入院日数をチェックしてネットで公開していった。この病気ならこの病院は平均何日入院とか、どれくらいの期間で治したかという治療成績みたいなもの。そうすれば、病院側もできるだけムダを排除しようとするでしょう。

ところが日本の場合は、病院にはムダを排除しろと言うけれども、予算をつけて医者やベッド数を増やすことはやらないわけ。

「お産難民」の問題は待ったなし。私はね、身近な地域で安心して産める場所を確保するのは国の責任だと思う。自治体と連携して、周産期医療ネットワークと救急搬送受け入れ体制を早急に整備しなければ。

そして、「お産」にかかわる人的資源のサポートを強めること。以前に「子宮と地球にやさしい病院」と名高い、東京の江戸川区にある「まつしま病院」を視察させてもらったの。ここは出産数がおよそ月一〇〇件、区全体の新生児の一五％が生まれている病院。

院長が強調していたのが「本人の希望を最大限尊重することが大事」で、お産のプロセスはすべて助産師主体で、産科医はリスク管理とサポートに徹している。小児科を併設し、産後の育児ケアにも力を入れている。DV問題を抱える女性も多く、相談体制をつくっている。

このように、産科医と助産師の信頼と連携の強化が、「お産難民」解消の処方箋になる可能性は高いと思うよ。ところが政府は大病院への集中を進めるでしょう。しかも二〇〇七年春に施行された改正医療法により、地域の助産所の一割が廃業の危機にあることも明らかになった。助産所開業の要件として、異常時に対応できる嘱託医だけでなく、産科・小児科がある嘱託病院の確保が義務づけられたんだけど、助産師や産婦たちでつくるNPO法人「お産サポートJ

ＡＰＡＮ」が全国調査をしたら、二〇〇七年九月時点で三分の一が産科医不足を理由に断られて、病院を確保できていなかった。

私は、いまなら税金の使い道の優先順位を変えることで日本の医療崩壊は止められると思う。そして、社会保障への投資はお荷物という発想から決別することが大事。社会保障は世代を超えたすべての人のリスクの共同管理＝世代間連帯であり、社会の最終的な安心への投資。将来に対する不安を解消することは、消費を活性化させ経済発展にもつながる。ポジティブな発想に、いますぐ切り替えなくちゃ。

上野　本当にそうよ。キーワードは、「手遅れにならないうちに」ね。

医療と介護は、わけられるのか

辻元　上野さん、医療と介護の領域をはっきりと区分するのがいいかどうか。税金の投入や健康保険の一元化の問題もからんでくるのだけれど、現場を歩いてきてどう思う？

上野　高齢者の暮らしを考えると、介護と医療はひとつながりだと思う。でもキュア（治療）とケア（介護）を区別したせいで、キュアできない患者は病院から放逐《ほうちく》されていく。退院したらしたで、地域では訪問医療がとても手薄で安心できない。結局、どたんばで入院して病院で死ぬしかないようになっている。

在宅のターミナルケアには、訪問介護と訪問医療を組み合わせる必要がある。病院での医療を抑えようと思って在宅型にするなら、訪問介護、訪問医療、訪問看護の三点セットがあれば可能です。

終末期までの在宅支援は、全体の医療費を抑制する方向にいくはず。だって入院というのはものすごくコストがかかる。医療だろうが、介護だろうが、施設は在宅よりずっとコストが高い。アメリカでは私的保険だから、入院日数に対する保険会社の規制がものすごくきびしい。かなりの大手術を受けても三日以上、置いてもらえるのはまれ。点滴しながらでも退院させられる。それができるのは、訪問医療、とくに訪問看護が充実しているから。日本でも地域医療、つまり訪問医療と訪問看護を充実させていくことは可能だし、実践している人たちもいらっしゃいます。

それに訪問看護は、看護業界にとっては看護が医療から自立していく決定的なチャンス。なぜかというと、医師法や看護師法(保健師助産師看護師法)では、看護師は「医師の指示のもとに」医療補助行為をおこなうことになっている。ところが、医師の同行しない訪問看護なら、看護が医療から完全に自立できる。看護師だけでもできることは、たくさんあります。看護師業界にとっては、医師と看護師、つまり医療と看護とが対等になることが悲願だった。「医師の指示のもとに」という制約から離れるための最大の契機が、地域の訪問看護ね。

訪問看護は保険点数が高いから、訪問看護ステーションは、けっこう経済的に成り立つんです。地域に、休眠看護師さんや定年退職した元看護師さんとかがいるはず。病院勤務はむずかしくても、短時間の訪問看護だったらできるという人もいそう。休眠有資格者を活性化して、地域看護を充実していけば、医療の負担が減ります。

訪問看護を充実させれば、医者をやたらと増やさなくても、入院日数をやたらと延ばさなくても、在宅で医療と看護、そして介護を組み合わせながら終末期までやっていける。全体としては医療費抑制になるはず。

それに、訪問看護と訪問介護のあいだの価格差をもっと縮めることも必要。医療、看護、介護、三本柱で考えて、このあいだにもっと対等な多職種連携が成り立つ必要があります。

医療のなかでも、最近チーム医療が注目を集めている。医者だけでなくコメディカル（医師、看護師以外の医療専門職種）が加わって、患者さんのココロとカラダの全体をサポートしようという。

介護にはケアマネジャー（ケアマネ）がいる。ケアマネが関係者を集めて、利用者さんの事例をもとにケアカンファレンスをやるんだけれども、ここになかなか入ってこないのが医療関係者。医者が入ってこないのは、地位が高いと思って威張っているのと、忙しくて時間がないから。もちろんいまの制度のもとではケアカンファレンスに保険点数がつかないから、制度的な保障がないわけね。これではいくらケアカンファレンスをやりなさい、と言っても無理ですよ。

ケアマネの地位をもっと高めて、そこに医療、看護、介護を全部統括するような多職種連携的なチームケア体制をつくっていけたらいいと思う。そこに医療と介護だけではなくて、法律や財務も入れてほしい。たとえば弁護士や税理士にも入ってもらって、財産管理から遺産執行まで、成年後見を含めて集団的な責任体制をつくってもらうのが在宅ターミナルケアの最終目標。多職種間で相互乗り入れしてもらいたい。

辻元 どうやって在宅介護の流れを強めるか。日本は介護保険導入時にドイツの制度を参考にしたけれど、違いも大きいでしょう。

たとえば年齢制限を設けたこと。日本では四〇歳から第二号被保険者として社会保険料負担が始まります。しかし実際に介護サービスを受けられるようになるのは、第一号被保険者となる六五歳以上。一六種類の「特定疾病」の場合、第二号被保険者は介護保険のサービスを受けられるけれど。

一方、ドイツでは医療保険の加入者などが全員強制加入させられて、介護保険料は労使で折半。要介護状態になったら、いつでも給付を受けることができる、いわばよりユニバーサルなかたち。だけど要介護度が高い場合の給付は、日本のほうが手厚い部分もあります。

高齢者と障がい者

辻元　日本でも高齢者介護と障がい者介護を一元化すべき、という議論があります。ただ高齢者と障がい者の介護内容は異なるから、サービスの質が担保されないのではという懸念が強くて、障がい者団体からは反対の声が大きい。

上野　長期的には介護保険法と障害者自立支援法とは統合すべきでしょう。年齢制限も撤廃して、二〇歳以上の成人全員が強制加入する保険制度にして、介護や介助を要する状態になったら何歳でもどんな状況でも使えるようにする。

ただし統合は障害者自立支援法のほうに、介護保険法を合わせるようにする必要がある。その逆は絶対に受け入れられない。「老障統合」に障がい者団体が猛反対したのは、介護保険の低いサービス水準に障がい者支援の水準が合わされそうだったから。いまの制度では障害者自立支援法のほうが、給付の上限もないし、介護保険のような利用制限もなくて使い勝手がよい。介護保険のほうに合わされたらサービスの水準が下がることが目に見えていたから。

障害者自立支援法が批判を浴びたのは、利用者の応益負担だったから。介護保険がまがりなりにもうまくいっているのは、高齢者に年金がついて負担能力があるからです。ほとんどの場合、サービス利用は利用者の年金の範囲の負担にとどまり、それを超えて家族が利用料を負担するケースは少ないのが実状です。

老齢年金に比べれば障害年金は低すぎる。一級障害者でも年間一〇〇万円弱程度。これでは施設の大部屋でガマンして過ごすか、家族に頼るしかない。負担能力のない人に応益負担を求めたからこそ、障害者自立支援法には批判が出た。この法律ができたせいで、サービス利用ができなくなって、地域の自立生活から撤退を余儀なくされた障がい者もいると聞きます。問題は応益負担かどうかではなく、貧困です。

介護保険にとっても貧困対策が問題でした。低年金・無年金の人たちにとっては結局サービスがあっても使えないばかりか、保険料負担が増えた分だけ、措置時代より状態は悪化しました。それも介護保険の制度設計が悪いのではなく、負担能力のない貧困層の対策を手当てせずに制度をスタートさせてしまったことが原因でした。結局、貧しい人たちを切り捨てることになったから。

加入年齢と現金給付

辻元 では年齢はどうか。政府は被保険者年齢を引き下げて財源確保につなげたくて、「世代間の支え合い」を広げるという理念を都合よく入れこもうとしている。しかし私はこれ以上、若者に負担を増やさせることには賛成しかねるのね。

ただし企業がすすんで「介護責任」を引き受けることとセットなら、つまりそこまで介護をユニバーサルで人生のすべてにかかわるものにするという合意形成がされるのであれば、議論の価値はあると思う。ハードルはものすごく高いけれど。

また現金給付という制度を、入れなかったことをどう考えるか。日本では現金が他の用途に使われるのではないかとか、女性をさらに介護にしばりつけるのではないかという懸念からやめた経緯があるでしょう。ドイツでは現金給付と事業者サービスが両輪で、介護保険導入時の九五年には受給者の六割が現金給付を選択し、その後、減少し、最近はまた増加している。女性の社会進出が増えたことや、要介護者の絶対的増加が原因です。

ドイツでは「パラダイムの転換」と担当大臣が胸をはるほどの介護保険改革が進められています。これまでは認知症が認定されにくいという批判のあった要介護度の判定基準を、「高齢者の自立」という観点を重視してコミュニケーション能力などを基準にするよう見直した。保険料率を引き上げて財源も確保し、施設の検査回数を増やして点数化された「通信簿」の公表を義務づけるなどして介護サービスの質の向上にもとりくんでいる。介護休暇を六カ月まで増やすことで、なんとか施設介護の増加を食い止めようとしている。

いまは日本の状況も違ってきていると思うのよ。子の世代に仕事がなく、もしくはワーキングプアで、親を介護しながら親の年金を頼りに暮らすという悲惨な例がたくさん報告されている。それならいっそヘルパー訓練の無料化を進めて、むしろマルチプルインカムのひとつとして現金給付を考え直すべきか。そんなことをすれば、「介護の社会化」というベクトルが逆戻りするだろうか。

上野　よくドイツの介護保険には家族への現金給付があるけど、日本の介護保険には現金給付がない、つくるべきだという議論があるけど、現金給付には絶対反対。日本の介護保険はドイツの介護保険をお手本につくられたというけど、実際には似て非なるもの。ドイツの現金給付は、結局、介護の社会化につながらず、失敗しています。それに現金給付をしても、受けとった家族がどんなふうに高齢者のお世話をしているかどうかは外からはわからない。介護の質だって、家族がやれば高いっていうものでもない。

いまだって失業した息子や娘が、高齢の親の年金パラサイトをしているケースはたくさんあります。経済的虐待をしたうえに、精神的・身体的虐待やネグレクトをともなっている。その彼らに現金給付を与えても、状況が改善するとはとうてい思えません。そのくらいなら、まだケアマネジャーや民生委員が介入できる現行の制度のほうがまし。

日本の介護保険は、給付水準の高さにおいても、サービスの種類と供給量においても、世界的に見て自慢できる制度です。あとの課題はこの制度を監視して、後退や空洞化を絶対に許さないことです。

介護保険のゆくえ

辻元 介護保険法を成立させたときは、「歩きながら考える」と言ったでしょう。まず成立させて現場の状況を見ながら育てるんだと。でも制度の決め方は積み上げ式どころか、逆行している。二〇〇〇年四月に施行され、二〇〇六年度の改定では残念ながら現場がつかんだニーズとは違う内容になった。

さらに二〇〇九年度の改定でも、一次判定での訪問調査項目が減り、コンピュータの判定システムもかわった結果、より介護度が軽く判定される傾向が出てきた。

二〇〇五年一二月一五日の埼玉県久喜市の介護保険運営協議会の議事録によれば、「各自治体は、要介護1のうちの七割を要支援2に落としなさい」という厚労省の指示があったと市の担当者が認めているという。介護給付費の抑制を厚労省が誘導していた可能性がある。

介護は地方分権の試金石と言われたように、沖縄と大阪では高齢者の生活環境も全然違うし、長野のように地域に密着した医療活動が進んでいたところでは、高齢者医療費がもっとも少なくなっている。厚労省が経済財政諮問会議の方針にのっとって全国いっせいに声をかけ、こうやりなさいみたいな発想は本来の介護保険のあり方とは違う。

上野 介護保険制度をつくるときには、地方分権とか地方主権とかさんざん言っていたのよ。それなのに、厚労省が「不適切事例」とか、利用制限とか、指導や介入をして、どんどん使い勝手が悪くなっていった。

辻元　それに二〇〇七年、コムスンの介護報酬不正請求事件があった。それ以後、過剰な文書主義に陥っている。規制を強化して、ありとあらゆることを文書で報告させて管理しようとしている。

二〇〇八年の夏、介護関連施設と障がい者関連施設を一〇〇カ所くらいまわってアンケートをお願いした。そのとき運営側の人がみな口にするのは、「介護の担い手がいない！」「働いている人たちの賃金が安い！」「若い人たちが結婚もできないし、仕事が続けられない」「生活ができない」。制度を変えてほしいと一様に言っていた。みんな心からお年寄りや障がい者の介護をよくしたいと思っているのにできないという、ものすごい苦悩が伝わってきた。

小さなＮＰＯでも大きな施設でも変わらない。さらに、こんな状況では、増加している役所への報告文書をつくるのに新しいスタッフは雇えないから、いまのスタッフの負担はどんどん重くなっている。

上野　若い人たちのなかには福祉の仕事に熱意をもっている人もいるし、介護の仕事には生きがいも手応えも感じている。ただし労働条件が悪すぎるのね。

制度のスタートにあたってはいろいろ批判があったけれども、とにかく使い回しながらよくしていけばいいという了解があった。でも三年ごとの改定で、その実、改悪に次ぐ改悪を、有権者もいわば座視してきたわけね。一部の政治家のなかには、介護保険ができたとき、しまった、と思った人もいたと思う。介護保険を廃止したいと思っている政治家はいると思う？

辻元　全額税で、という声は根強くあるかな。

上野　そちらは以前からある。でもいまになって介護保険を廃止せよと主張したら、政治生命にかかわるでしょうね。いろいろ問題はあっても、介護保険のない時代に戻ることには誰ひとり合意しないと思う。逆に言うと、介護保険がなかったころのことを考えたら、どれだけの大きな変化だったことか。年寄りが倒れたら、介護保険ができてから倒れてくれてありがとう、と言わなきゃならない。

当初の予想では、介護保険ができても使う人がいないだろう、という意見がありました。介護保険ができた初年度に、要介護認定者の利用率が約五割。政府は最初のころは、「保険あってサービスなし」と言われることにすごく怯えていたから、事業者を確保するのに必死で、介護報酬の価格もけっこう高めに設定した。

フタを開けてみたら、利用率があまり高くなかったから、あの当時は、自治体の担当者が地域を歩いて、利用の掘り起こしまでやっていました。まだサービス利用にスティグマ（社会的な不名誉）があったから、ヘルパーステーションの車は自分の家の前で駐《と》まってくれるな、一ブロック離れたところに駐まってきてくれという利用者まであったといいます。

それがあれよ、あれよと変わった。二年めの利用率が約七割、三年めに八割を超した。予想以上に利用率が上がって、利用促進を唱えていた舌の根も乾かぬうちに、政府は三年めに利用抑制に転じました。利用者に権利意識が生まれて、変化は早かったですね。

日本の介護保険は、世界に稀《まれ》なユニークな制度設計になっていて、保険方式と、税方式が半々。保険料負担が半分、四分の一が都道府県、残りの四分の一が国から税金がくるんだから、過疎地万々歳。要介護の年寄りがいるところにはニーズが発生し、税金が流れこんでくるんだから、介護で村おこしをやったらいいじゃありませんか。介護で雇用が発生するんだから、年寄りの介護を飯の種にして、若者の食い扶持《ぶち》にすればいいと私は言ってきた。

それが予想どおりの展開になったのは、税負担を抑えたいという動機から、政府が利用促進から利用抑制に転じたこと。制度設計のなかに仕込まれていた問題が、わずか三年で表面化したということね。

辻元　制度導入当時から財政を懸念する声は大きかったのだけれど、政府はサービスの質は落とさないとさんざん答弁していた。この制度設計だったらいける、とね。

一方、三年後に介護サービスの事業者の側は、やらなくてはならないことが歩きながらわかってきた。利用者のニーズにいちばん近いところにいるから。しかし財源が削られて事業者に入ってくるお金は減ってきている。サービスを削れないからスタッフの給料減に直結している。

これが私には断腸の思いなのよ。介護保険制度が導入されたのが二〇〇〇年四月、それに先立つ一九九八年にNPO法ができた。ふたつの法律は補完関係にあると考えていた。NPOはマルチプルインカムが基本でも、寄付文化が根づいていない以上、独立採算していくための事業づくりが重要なわけ。そこで「地域のニーズを仕事にかえる」――上野さん流に言えば「オンナのただ働きを食える労働にかえる社会実験」ということなんだけど――介護はどんぴしゃりの相性だった。実際、地域のNPO法人第一号というのは、介護系NPOが多かったでしょう。「助け合い」と「やりがい」の事業化という社会の設計図を描いていた私としては、介護保険の理念が逆行させられ、NPOスタッフがワリをくっている現状がつらくてならない。

上野　介護系NPOにとって最大の追い風になったのが介護保険。私が希望を託している市民セクターの福祉の事業化は、九八年のNPO法と二〇〇〇年の介護保険法、このふたつのどちらが欠けても成り立たなかった。だからNPO法の成立に尽力してくれた辻元さんたちには、とても感謝している。

介護系NPOが苦戦している理由には、制度だけじゃなくて、運用上の問題もあるわね。身体介護と家事援助(現在は生活援助)に、スタート時に倍以上の価格差をつけたせいで、結果として、サービス利用は価格の低いほうの家事援助に集中した。企業系の事業所が高価格の身体介護に重点を置いているのに対し、NPO系の事業所は他の事業所がやりたがらない家事援助を引き受けました。これがひとつの問題。

もうひとつ、介護保険は在宅支援をうたったのに、結果的には施設利用の比重が高まって、初期は施設の利益率がけっこう高かった。実際には施設のほうが経費がかかるから、介護保険のコストが高くなるという番狂わせがおきたこと。

介護保険は、それまで「姥捨《うば》て」のスティグマを与えられていた施設に、家族が罪の意識を感じることなく高齢者を入居させることを可能にしたと、シニカルな発言もあらわれたくらい。本来なら、介護保険は在宅支援を促進するという制度的な理念をもっていたのに、報酬体系がそれに対応するような制度になっていなかったんです。

介護保険六事業のうち、利益率がもっとも低いのはホームヘルプ事業。施設サービスが中間くらいで、デイサービス事業は、けっこう利益率がいいんです。デイサービスを提供している事業所は、どこもわりと安定的な経営をしている。

小規模多機能富山型介護施設というのがある。民家もしくは民家改造型の、定員八人から一五人の小規模の、通い、泊まり、看取りまでを支える在宅支援の介護施設。とりわけ高齢者から障がい者、子どもまでの多様なニーズに応える共生型が「富山型」として有名になった。そのパイオニアである「このゆびとーまれ」も、介護保険がなかったときに比べれば、できてからのほうがはるかに経営的に安定しているし、ケアワーカーの報酬も決して低くない。びっくりするのは、「このゆびとーまれ」は納税団体なんです。税金を払うよりも、人件費を上げたらいいのにね。

介護保険は、理念と制度がずれているんです。

辻元　そこのひずみを現場の積み上げで矯正していく必要があった。なのに厚労省が全国いっせいに介護予防！と現場無視のトップダウンで大号令をかける暴挙に出た。

上野　介護予防というのは、たんに要介護認定のカテゴリーを変えることによって利用を抑制したいだけでしょ。そのことによって、とても困った効果が出てきた。つまり、利用しないことが、自立だという考え方で、介護保険の利用のスティグマ化を促進している。

辻元　予防という言葉にだまされがちなんだけど、具体的なプログラムを見たら予算を削る口実でしかない。要介護の人を要支援にして、予防やと言ってごまかす。

それぞれの地域で、医療や介護の関係者を集めて協議し、運営するシステムをつくり、医療と介護をトータルにコーディネートしていくというあり方に現場と連動して変えていかなければ。

現場のニーズの積み上げから

上野　現場のニーズの積み上げが必要だというのは、結局、そのほうがムダ遣いがなくなるから。本当に必要なサービスでなくて、ほしいというものと違うものを差し出されたら、そちらのほうがムダになるからね。

そのひとつの例が、二〇〇六年度の改定で厚労省の指定するモデル事業になった小規模多機能型の介護施設です。もともと民間が始めたものとは違う事業をモデル化して、通い、泊まり、ホームヘルプ、それから看取りまで、全部含めて利用量に上限なしの包括契約定額制を導入した。ひとつの事業所が何もかも面倒をみるというので、ケアマネジャーもつきません。これに小規模多機能型のパイオニアだったモデル事業所、富山の「このゆびとーまれ」が申請していないのは象徴的です。

どう考えても、この制度の欠陥はあきらか。利用に上限なしなら事業者にとっては不利な制度だし、利用者にとってはメリットがあるというけれど、ケアマネジャーもつかないようでは一事業所で囲いこみが起きて、質の管理もできない。要介護度の低い利用者にとっては、サービスを使っても使わなくても定額を払わなければならないのはかえって損だし、使った分だけ請求がくるほうが公明正大。要介護度が高くても結局、定額制で上限が決まっているから、現場では上限に合わせてサービスの提供を抑制する傾向もあると聞きます。

小規模多機能型は、もともと現場のニーズの積み上げから出てきたものなのに、厚労省の指定モデル事業になったとたんに、似て非なるものになってしまう。現場を知らない官僚が、机上でモデルをつくっているからです。というより、その背後にある「不純な動機」がみえみえ。定額制のねらいは、介護保険費総額の抑制ですから。後期高齢者医療制度の定額契約と同じ発想ですね。

もうひとつの例をあげると、二〇〇三年度の改定の際にきびしくなった介護保険の「不適切事例」に対する指導です。庭の草むしりや犬の散歩を「不適切事例」として制限した。同居家族がいる場合は、家族のための洗濯や掃除も「不適切事例」になりました。

介護保険には利用量の上限が決められていて、それで足りないことはみんな知っている。だとしたら、何にサービスを使いたいかという優先順位を当事者が判断することに、なぜ官がよけいな口を挟むんでしょう。

ペットを飼い続けたいのに、寝たきりになったばかりに大事なペットを手放さなければならない人もいます。そういう人にとっては、ペットの散歩をしてもらうことの優先順位は高いでしょう。高齢者にとって、ペットの持っている重要性はよく指摘されていることですし。

洗濯だって、お年寄りのものも家族のものも洗濯機にまとめて放りこんでいるのを、わざわざわけて利用者のものだけ洗うなんてヘン。家族は自分の洗濯の時間も惜しんで、おばあちゃんの介護にあたっているかもしれないし、洗濯にかける時間があったら、お年寄りの傍にいてあげたいと思う人もいるでしょう。

そういう柔軟な判断を現場から奪うなんて、ろくでもない「改定」ばかりしてる。

辻元　私は二〇〇三年末にヘルパー二級の資格を取るため実習にいっていたの。制限が多くて、「これをしてええんやろか、あれしてええんやろか」と戸惑いながらケアすることになった。そうすると、ケアされる人との関係もぎくしゃくしてしまうわけね。

「人」にかかわる分野ほど地方分権が必要だと思う。富山は富山で、沖縄は沖縄でやればいい。細かい単位で現場ニーズを吸い上げていくようにしないと。

「このゆびとーまれ」の代表、惣万佳代子さんは常日頃、「ニーズに応じて活動して、あとから制度をつくり上げていくんだ」と言っていて、「少なくとも厚労省には、やりたい人がいたら止めることはせんといてほしいと言いたい」と。

上野　行政に頼みたいことはたったひとつ、民がやることを「邪魔するな」って現場の人たちは言いますね。

辻元　そう。現場での運用をフレキシブルなものにする。市場原理も適度に活用する。競争がサービスを高めていく面はあるからね。

上野　市場原理とは言っても、介護報酬は公定価格だから準市場です。

辻元　そうね。公定価格についてはどう思う？

上野　価格統制はしたほうがよいと思う。でも第一に介護報酬が低すぎる。第二に、身体介護と生活援助の価格差が大きすぎる。介護保険のスタート時から現場では、身体介護と生活援助を一本化して、その中間くらいの価格にしてほしいという声がずっと上がっているのに、厚労省は現場の声を聞こうとしません。身体介護と生活援助のあいだは、どこで線を引くこともできないようにつながっていますから、ムリに分割するほうがおかしい。

現場のワーカーさんたちからは、最初のころから一貫して、一本化しろという要求が出ていました。初期の家事援助、いまの生活援助は一時間一五三〇円からスタートしたんです。この価格では絶対にビジネスが成り立たないから、営利企業は家事援助を受けるのを避けて、身体介護を独占するようになった。そうなると、低価格の家事援助が市民セクターの事業体に集中しました。しかも、早朝や食事時間帯などにニーズが集中する。

身体介護に比べて生活援助の価値が低いということは決してない。身体介護が四〇二〇円、生活援助が二二九〇円なら、その中間の価格、三〇〇〇円台にすれば、ホームヘルプ事業もかなりラクになります。厚労省がそうしないのは、将来介護保険から、生活援助を切りたいと思っているからでしょうね。

厚労省の「指導」でまったくよけいなお世話なのは、地域包括ケア。あれは本当にまずい。

一中学校区を単位として、小規模多機能型の事業所の配置を規制するとか、需給調整を最初からやってしまう。その結果、施設の新増設の申請がものすごく抑制されています。指定校区制じゃあるまいし、あなたはこの学区だからこの施設にいきなさい、なんてよけいなお世話。指定校区制だって人気がないから崩れてきているのに。

多様な選択肢のもとで「比べて選ぶ」ということが、利用者にとってはとても大事。基本的には準市場のもとで官・民・協すべてのセクターの事業体が、イコール・フッティング（平等な立ち位置）の競争をしたらいいと思う。そうすれば人気のあるところは残るし、そうじゃないところは残らない。競争して質の悪い事業者は淘汰《とうた》されたらいい。それが利用者主権というもの。

新規事業に参入したいという民間を制限する必要なんてない。ただでさえ不足している施設の新増設が、行政によって抑制されています。これではケアの質を問うような競争なんて、起こりようがない。結局、サービス需要を増やしたくないのね。

辻元　新規参入させたくないのであれば、いまある施設で賄っていかなければならない。当然の帰結として「介護難民」が、すでに出ているよね。そして、規制強化と監督強化が現場を疲弊させている。それが利用者に跳ね返る悪循環。まずこれを断つ。

徹底的に地方分権をすれば、利用者および有権者が「どんな地域にしたいか」を選択する機会を増やせるのよ。だから自治体トップを決める際の投票行動で、介護の条件がどう整っているかというのを大きな指標にしていけばいい。

介護問題イコール政治

上野　もし本当に有権者がそういう選択をするとしたら、自治体首長のみならず国会議員や地方議員に対しても、介護保険を踏み絵にして、「これを後退させたら次はないぞ」という選択肢を迫らないと、いまの状況は変えられない。

その点でも、高齢者はこれまで政治勢力になってこなかったと思う。介護保険のたびかさなる改定こと改悪を、座視してきましたからね。そしてその改悪を支持する議員を国会に送りこんできましたから。後期高齢者医療制度であれだけ怒るんだったら、たびかさなる介護保険の改悪を放置してきたのは何なんだと言いたくなる。

介護保険制度は、高齢者の生活に直接影響する制度でした。それをよくするも悪くするも政治。高齢者が政治的にパワーをもってこなかったのはなぜだろう。自民党には長老政治が長きにわたってあったけれど、要介護高齢者の声が組織化されたことは一度もない。最近になってようやく「介護保険を継続・発展させる一〇〇〇万人の輪」という団体ができました。一〇〇〇万人いれば政治に影響力が行使できる。

現在利用者である要介護者は、大半が後期高齢者、八〇代、九〇代です。その七割以上が女性。この人たちは公的にも私的にも発言権をもたなかった。それに権利意識がない。それどころか、自分が介護されていることに肩身の狭い思いをしているから、この人たちの口から権利要求が出てくることは期待できない。これってジェンダー問題だと思う。

辻元　介護保険が始まった当初、利用者が増えなかった一因として、現場のケアマネさんから「ハンコ問題」というのを聞いたことがある。ハンコって日本人にとって保証人とかローンとか、特別な意味をもつやんか。それで、「気軽にハンコついたらあかん」という教育を受けてきた、とくに夫に黙ってハンコをつくなんてとんでもない、と思いこんできた女性たちが尻込みしたケースが少なからずある、と。

だいいち介護の問題というのは、誰もが潜在的な当事者でしょう。誰でもいつかは介護が必要になる。それまでは自分が介護をする側になる。自分が介護される立場になったときに、初めて気づくのでは遅い。

上野　誰でも、急に重度の要介護者になるわけではないし、突然認知症になるわけでもない。要介護の状態で発言力のある人はいっぱいいるはず。このIT時代に、寝たきりの人たちでもコミュニケーションの手段があるんだから、できることがいっぱいあるはずなのにね。

世界的な免疫学者の多田富雄さんが脳梗塞で半身麻痺になってから、政治的な発言を積極的になさるようになった（『寡黙なる巨人』集英社、二〇〇七年）。医療保険の改悪でリハビリ期間を最大一八〇日でうちきりにするという案を、約二カ月で四八万人を超える署名を集めて見直させた。車椅子に乗っていても、言語障がいが残っていても、こういう運動をしてくださる立派な方がいらっしゃる。

辻元　とはいえ、私はヘルパー資格をとるための実習先で「本当に申し訳ない」という言葉を何回聞いたことか。昔なら姥捨て山に棄てられたのに、こんな施設に入れてくれるだけでありがたい……そっちに集約していくわけ。一日、二日、お付き合いすると、自分のことをしゃべり始める人が多くて。「息子はいままで一生懸命会社で働いて六〇過ぎて定年退職して、私の世話をさせるのはかわいそう。息子をゆっくりさせてやりたいから施設にいる」。そう言うのだけれども、目には涙がたまっている。

ある九八歳のおばあさんは「きょうは娘が来る」と、ものすごくうれしそうにしていた。上の娘は七八歳、下の娘は六〇代後半。介護保険が老老介護を支える在宅システムになりえていないこともあって、自分に言い聞かせて耐えている。

上野　そういう人たちのなかからは、なかなか権利意識が出てこないでしょうし、ましてや、より賢い消費者になろうという志向は期待できない。賢い消費者にならないと、よいサービスも受けられないのにね。

辻元　介護問題というのは、イコール政治や。民主主義を測る大きなバロメーターなの。

上野　本当にそう。まったくそうだけれども、そう思われていないのよね。

ただねえ、要介護者というカテゴリーは、日本では歴史が新しい。二〇〇〇年になって初めて法律上生まれた概念だから。しかも権利としての要介護の経験が歴史的に、まだすごく浅い。

介護には、介護する人と介護される人の両方がいるけれど、介護する側の経験については、そうとう情報の蓄積と経験の共有がおこなわれてきました。介護経験のある人の数が増えてきて、その人たちが介護をやりながら、自分たちの老後を考えている。自分の親は施設に入れても、自分は最後まで在宅で、と考えたりしている。高齢者や障がい者で、施設入居を自分から選ぶ人はそんなにいない。それなのに介護される側の経験や情報の共有と蓄積は、アンバランスと言っていいほど乏しいのが現状です。

辻元　どうしても大きな施設の介護は流れ作業になりがち。たとえば、入浴時は戦争。急いで車椅子で運び、風邪をひかせられないからドライヤーでぶわーっと髪の毛を乾かして、次はご飯や。みんな同じ時間にずらっと並んで食べる、いま食べたくなくても。いかに効率よくさばくか、さばかせるか、だけが問題になる。

実習先のスタッフはみんながんばっていたんだけど、私は予想していた以上に衝撃を受けた。小さな単位の、お互いにコミュニケーションがとれる範囲の介護システムをたくさんつくる方向に舵を切り直さないと、人間が人間をケアする場でなくなってしまう。スタッフの低賃金が早急の課題だけれども精神的にももたない。ほとんどの人は、施設介護の現場で誇りをもって働きたいと思っている。だからこそかもしれないけれど、数年で燃え尽きてしまう若い人も多い。介護というのがサービスを受ける側にとって「尊厳」にかかわるのと同様に、介護を、働く人にとっても人間性を取り戻す仕事にかえていかなあかんというのは、本当に実感したの。

私は、介護研修を受けたい人には全部無料にしたらどうかと提案しています。当然、生活費も政府が補助する。本当はもっとシナリオがあって、義務教育で介護を必修科目にするの。国民全員が介護技術をもっているようにするのね。フランスでは大学生の一般的なアルバイトが子守でしょう。日本だって、学生のアルバイトがコンビニやガソリンスタンドばかりというのはおかしいよ。介護が一般的なアルバイトになって、場合によっては自分の祖父母を介護したら、きちっと手当が出るように……。しかも、介護する技術があるということは、介護される側になったときに「よい消費者」になれる。「日本介護大国化一〇カ年計画」なの。それにはまず、政治家と官僚にケアを体験させなきゃね。海外視察よりも介護施設で働くほうが、意味がある。

上野　政治家と官僚には、要介護者実習を必修にしてほしいですね。拘束とおむつをして、はい、ここにおしっこを出してください、ここにうんこしてくださいというのを二四時間でいいからやってくださいって。刻み食を食べてもらって、午後六時からは水分摂取の制限をします。いっぺんやってほしい。

年金への不信感

辻元　とくにここ数年、年金への不信感がどんどん大きくなっている。世代間の助け合いを進めるはずのこの制度が、まさに世代間の格差、分断を象徴している。この原因をつくっているのが政府であることは、まちがいないでしょう。政府は二〇〇八年度の国民年金保険料の納付率を六一・一％と発表しているのだけれど、これは数字のマジック。経済的に苦しい人や学生など免除や猶予の資格がある人をあらかじめのぞいて数字を出している。払える人のうち、いくら払われているかという数字なのね。

では、生活が苦しくて払えない人も含めた「実質納付率」はどれくらいか。私が政府に資料を請求したら出てきたのだけれど、あくまで「参考」の数字であり、「あえて納付対象月数に全額免除や納付猶予の月数を加えて機械的に計算すると、次のとおり。」という、注意書きをわざわざつけてきている。

それで、厚労省のいう「機械的計算によって算出した率」を年齢階層別に見てみると、二〇〇六年度で二〇〜二四歳の納付率が二六・九％、二五〜二九歳が四〇・四％。四〇〜四四歳でも四九・七％ということで、若年層の納付率は五割を大きく切っている。全体でも四九％で、今後この数字はどんどん下がっていくと思われる。

上野　二〇代前半は学校在籍者が多いから低いのはわかるけど、二〇代後半で納付率が上がるはずなのに、それでも五割以下とはね。納付率の低さというのは、実際に支払えないから払わないのか、それとも支払う能力があるのに、制度に不信感があるために支払わないのか。

辻元　私は前者だと思うよ。非正規雇用の割合が三人に一人、女性は二人に一人になっていて、年金を掛けたくても掛けられない人が急増しているのでは。

ところがね、さらにおそろしい数字が出ました。二〇〇九年四月に厚労省が出した試算では、納付率がいまの水準（六一％）を維持した場合ですら、将来もらえる厚生年金は現役世代の平均手取り収入の五〇％に届かないことがわかったの。納付率が一％下がれば給付水準は〇・〇五％下落、六五％の納付率で推移しても四九・二％くらいになるという。

実は政府のいう「一〇〇年安心」「現役世代の五〇％確保」は、納付率八〇％を前提にしていたことも明らかになった。こんな甘い見通しでは年金不信がますます高まるのは、しかたない。

上野　払いたくても払えない人がいるのは事実だけど、払えるのに払わない人もいて、そのなかには制度に対する不信感がある。東大の大学院生のなかには、確信犯不払い者がいて、

「三〇年後、制度が崩壊したときに、年金を支払ってきた人たちを笑ってやろうと思ってボクは払いません」と言っている。ホンネはたんにカネがないだけかもしれませんが。

それにしても政府もメディアも年金破綻を言い立てて、いたずらに年金不信を煽り立てているると思う。

年金というのは、自分の収入から拠出したおカネを、将来自分が受け取るというのが本来のしくみ。最近、社会保障の政治経済学を看板にあげた権丈善一さんという経済学者の本(『社会保障の政策転換』慶應義塾大学出版会、二〇〇九年)を読んだのだけれど、年金の納付率が下がっても給付水準に対する影響は限定的だと言っていましたよ。

あなたがあげた数字は第一号被保険者(自営業者、学生)に限った数字ね。権丈さんの試算では二〇〇六年度の国民年金加入者全体(七〇四一万人)に占める未納者の割合は四・五%にすぎないっていう(前掲書九〇ページの図1参照)。これに免除者、未加入者を入れてもその倍くらい。特例者や猶予者まで入れても全体の納付率八〇%はウソじゃない。あなたが言うとおりでも納付率一%低下で給付水準〇・〇五%低下なら、一〇%下がっても〇・五%の低下。納付率が下がれば無年金者が増えるだけ、免除者が増えても本人の受けとる年金が将来にわたって減額されるだけだから。

政府は給付水準を所得代替率(現役世代の平均手取り収入に対する年金額の割合)五〇%は保

障するって約束してきたけど、五〇％以下になったら約束違反。ただし、年金受給年齢になるまでに住宅インフラを確保していることが前提。扶養家族がいなければ、代替率五〇％でもやっていける。それで不十分なら、年金プラスアルファで、高齢者にはストックをフロー化して内需拡大してもらわなきゃ。

それより問題は年金未納者や未加入者が増えることによって、低年金者や無年金者が増えること。基本のきは、払ったものしか戻ってこない、と社会保険の原則を徹底することだけれど、それに加えて第一に二五年間の納付期間がないと受給資格がないという条件を外して、何年だろうが納めた期間に応じて年金受給権をつけること。第二に約一一〇〇万人いる第三号被保険者（一七ページ参照）をすべて第一号被保険者とすること。これだけの数の第三号被保険者を保険料免除しておいて、未納率もないものだと思う。

こういうことを言うとただちに、無業で子どもを育てている女性から、子どもを産まなかった女性に対して、自分たちの育てた子どもがあなたたちの老後を支えるなんて、という言い方をされることもあるけれども、これはお門違い。自分が納めた金を自分で受け取ることに、誰からも文句を言われる理由がないのが本来の社会保険の原則。それどころか、働きながら子育てをしている女性も専業主婦の年金を負担しているのだから、こんなことを言われる筋合いはないんですけどね。

でも、この背後にはトリックがあります。というのは、日本の年金制度は、制度が始まった一九五四年、純粋積立方式だったのに、しだいに賦課《ふか》方式の要素が加わっていったから。なぜかというと、制度設計を誤って、積立金に手をつけないと維持できなくなったから。つまり元金を取り崩してしまったのは、完全に政府の責任です。積立方式が原則賦課方式になっていった一九七〇年代前半は、日本がまだインフレ基調のときだった。賦課方式のいいところは、物価スライドで連動するから、インフレの影響を受けないこと。その点では高齢になるまで営々と積み立てたカネが、ある日紙切れになっていたということがない。だから経済がインフレ基調のときには、高齢者にとっても合理的でした。けれども、それ以前に、自分が払ったお金の元本を取り崩されてしまったという、大きな政治的な失策がある。

賦課方式がうまくいくのは、経済成長期でかつ人口構成のバランスがとれているあいだだけ。そもそもインフレは成長経済につきものの現象です。賦課方式に変わったときには、人口ボーナスのおかげで、拠出する若い世代のほうが、受け取る世代よりも人口が多かったから、年金財政がけっこううまく回っていた。賦課方式が問題になるのは、人口構成が崩れてきたから。人口構成の変化は長期予測ではわかっていたけれど、その変化が予想より早く急激だった。

制度に対する信頼というなら、払ったおカネは必ず戻ってくるという信頼感が大事。それがなければ保険料を払いこむ人はいない。払った以上に受け取るのも、払った分以下しか戻ってこないのも両方とも不公平だけど、払ってもいないのに受け取るのも不公平。それが社会保険というものです。

それと貧困問題は別。正規だろうが非正規だろうが、一円以上稼いだらどんな額であれ税金と保険料は納める、という制度をつくり、納めた分は返ってくるという信頼を確保することね。でないと納めた人のワリが合いません。

消えた記録、消えたおカネ

上野　二〇〇四年以降に発覚した社会保険庁問題で、年金データのつき合わせをやっているというけど、消えた記録には全部支払ったカネがともなっているのだから、記録とともに消えたカネはどこにいったんだろうと、不思議でしょうがない。消えた年金記録というより、消えた記録に付随したおカネの管理がずさんだったことになる。トータルでどのくらいのおカネが消えたのか、その金額を出してもらいたいもの。それだけの国民の損害に対して、誰ひとり責任をとる者がいないというのも、あまりに異常ね。

辻元　日本の年金制度では、転職のたびに年金台帳が誤って増えてしまうことがよくあった。年金台帳の数は、なんと八億五〇〇〇万件に膨れ上がっていた。

基礎年金番号による一人一番号制になったのが一九九七年。最近のことです。一番号制になったとき「名寄せ」して統合したんだけれど、不明のまま放置された台帳もたくさんあった。厚労省は台帳の総数すら把握していなかったんだけれども、調べろ調べろと言った結果、やっと八億五〇〇〇万件を認めた。そして紙に書かれた古い台帳のうち八三万件が廃棄されていた。この八三万件については、異議を申し立てても確認するすべがない。

上野　その廃棄された八三万件の台帳にも、一つひとつ支払った保険料がついていたわけでしょう？　廃棄されたのは、記録だけでなくおカネもそうだったはず。消えた記録の追跡だけでなく、消えたおカネの追跡をきちんとやってほしい。

日本の年金制度には、基本的な制度設計の不備があったために人災が起きたと言える。どういうことかというと、八億五〇〇〇万件の台帳があるということは、社会保障が企業中心型で、給与所得から天引きするというやり方でやってきたから。だから、勤務先が変わったり、仕事に就いたり辞めたりするたびに保険加入先が変わって台帳がどんどん増える。何年にもわたって社会保障の構造改革とか言われながら、パッチワークに次ぐパッチワークで、迷路のような増改築をやってきたツケがきています。ここまで危機が押し寄せているのに、抜本的な構造改革に手がつけられない。

アメリカやイギリスには、国民一人ひとりにソーシャルセキュリティ・ナンバー（社会保障番号）がつけられる。長期滞在の外国人にも与えられるから、私も持っています。日本で住基ネットを導入し、住民票にコードをつけるとき、いろんな人が反対したけれども、自分の番号で税も社会保障も一元化して管理すれば、名前の読み違いや書きまちがいで台帳の確認ができない、なんて初歩的なミスは起きない。そのための条件は、やはり、税制・社会保障制度を企業中心の設計から脱すること。それに加えて結婚、離婚、再婚などのたびに制度上のカテゴリーが変わる世帯単位の制度設計から個人単位に変えることね。つまりどこにいても、どんなに帰属が変わっても、どこにでも持ち歩けるポータブルな制度にすることです。

辻元　ソーシャルセキュリティ・ナンバーについては、私は懸念する部分がけっこうある。「国民総背番号制ではないか」「監視社会につながる」という議論があるから。ただ福祉の合理化と充実を考えたときには検討に値する制度だとも思っている。もちろん、政治への信頼のうえにしか成り立たないけど。

ただ、あまりに巨大なシステムになってしまうでしょう。運用する側への不信はやすやすとは解消されないだろうし、技術的にも困難という指摘がある。ここがクリアされるかどうか。

年金番号のつき合わせ作業についても、「最後のひとりまでつき合わさせます」と与野党ともに言っているけど、その作業に人員と金をかけるより、「疑わしきは、すべて支払います」のほうがコストも安く前向きではないか、という識者の声もあるくらい。そのくらい、絶望的な作業ということなのだけどね。

世帯間格差と世代間格差

辻元　あらためていまの年金制度の問題点を整理すると、一つめは職域による制度の分立。わかりにくくしているうえに、国民年金が肥大化していくから制度間の財政調整が限界にある。

二つめが、国民年金の受給額が生活保護水準よりも低いという、逆転現象が起きていること。生活保護の給付額は自治体によって異なるけど、だいたい月八万くらいで、そこに住宅手当などがプラスされる。でも国民年金の老齢基礎年金は、四〇年間保険料を納め続けた場合でも年額七九万二一〇〇円(二〇〇九年度)。

三つめは、自営業や他に収入がある人を対象にしたはずの国民年金に非正規労働者の加入率が高くなっていること。定額保険料だから所得が少ない人の負担がグッと高くなり、揚げ句の果てに払えない人が激増した。

さらにシングルマザーで子育てしながら働いている人たちより「大企業の夫の妻」のほうが有利なシステムに対する不公平感。

厚労省が二〇〇九年五月に出した試算から、ふたつの「格差」がさらに浮き彫りにされた。一つめは世帯間格差。共働きや男性単身世帯の厚生年金は、給付水準が現役世代の平均手取り収入の四〇%を割りこむことになった。一方、妻が専業主婦の世帯――これがモデル世帯なんだけど――二〇五〇年時点でも、唯一「現役世代の五〇％」という政府公約を守るという。夫が稼いだ分を妻とふたりでわけ合うのだから計算上一人あたりの所得は低くなり、年金の所得再分配機能が働いて給付が高くなる、と厚労省は説明している。

二つめが世代間格差。二〇一〇年に七〇歳になる一九四〇年生まれのモデル世帯は、平均余命まで生きた場合、本人が納めた厚生年金保険料の六・五倍の年金を受給できるのに、八〇年以降に生まれた場合は二・三倍しか受け取れないことがわかった。数年前の試算より差が広がっている。

そしてこのモデル世帯、まったく現実にあっていない。厚労省の年金局長がモデル世帯は「約六割でございます」(二〇〇九年五月二六日、参議院予算委員会)と答弁しているけれども、六割というのはいま年金を受給している世帯に限っていてる。さらに政府のいうモデル世帯の要件というのは本当はもっと厳密で、①二〇歳までに結婚、②夫婦が同い年、③四〇年間結婚生活を継続、④夫は四〇年間会社員で妻は四〇年間専業主婦、という条件を満たしていること。いまの若い人で、そんな世帯がどれくらいあるのか。

厚労省は一方で、二〇〇七年の平均で「五二・五％の一〇一三万世帯が妻が雇用者ということでございますので、過半が共働き世帯というのが現役世代の傾向」(二〇〇九年五月二六日、参議院予算委員会)と答えているし、「従来は、共働き家庭は少なかったが、一九九七年以降、専業主婦世帯数を上回り、その後も増加を続けている」と報告している(「社会保障審議会少子化対策特別部会　第一次報告——次世代育成支援のための新たな制度体系の設計に向けて」二〇〇九年二月二四日)。だから四〇年後にはおそらくほとんど存在しないモデル世帯に限って「五〇%」を守った、というのはただの数字合わせにすぎない。

上野　本当に政治災害よね。それを座視してきた有権者にも責任がある。どう考えても、トータルに制度設計をし直さなければならない時期です。ところが、きわめて細かいパッチワークで制度変更を重ねてきただけだった。

負担と分配

上野　それじゃどうするかと考えると、いくつか方法がある。つまるところは、負担と分配の問題。

まず負担の問題については、年金の保険料率をどれだけにするかという議論がある。企業中心型の福祉では、保険料率は標準報酬月額の一五・七%(二〇〇九年度)。これを労使折半するから、企業中心福祉をやるかぎりは、企業の合意がなければ保険料率は上げられない。

年金保険料率を、たとえば上限二〇%なら二〇%と決めて、人口バランスが変わるのは防ぎきれないから、賦課方式のもとで原資を受給資格者が公平に分配して、その分だけ受け取り額を減らすという考え方も成り立つ。一方、原資を増やすためには若い世代の負担率を上げざるをえない。

負担率を一定にすれば原資は必ず減るから、将来世代に禍根《かこん》を残さないためには、高齢者がそのくらいのガマンをするという考え方。

それでも人口問題にはトリックがあって、少子化がすなわち労働力人口の減少につながるわけではない。ワーク・ライフ・バランスが進んで子育て年齢の女性が労働力になったり、移民労働力が増えれば、働いて年金を納めてくれる人たちが減るとは限らない。これからは高齢者だって働く意欲も能力も高い人たちが増えるから、労働市場の年齢差別が撤廃されたら、彼らにもがんばってもらいたい。そして何歳でも、いくらでも、収入があるかぎりは社会を維持するためのコストを負担するということですね。

次に分配の問題をどうするか。

社会保険はリスクの再分配という社会連帯の考え方にもとづいているから、一定以上の所得のある高齢者は保険を受け取らないとか、年金の分配格差をできるだけ小さくして、老後は誰でも同じくらいつましく暮らしましょう、という考え方もある。これを「老後社会主義」と呼んだのは大沢真理さんです。ただし貧困層対策に最低生活保障は必要です。

そうなれば、ずっと年金保険料を支払ってきた高齢者はどうなるんだということになって、先ほど言ったことと矛盾するようだけれども、年金を受け取らずにすむだけの所得が高齢になってもあることを幸運と思ってもらえばよい。健康保険を使わずにすむのが幸運だということと同じ。自分が支払った保険料は、自分より上の世代に貢献したということで。順送りだから、親世代に仕送りをしていたと考えてもらう。積立方式を賦課方式に変更したときに、それに納得したんだからしかたがない。

国民負担率(税と社会保険料がGNPなどの国民所得に占める割合)を考えると、先進諸国に比べて日本はアメリカと並んで低いほう。スウェーデンのように七〇%弱とは言わないまでも、中負担程度には増やすことに国民的な合意は可能です(図9)。

すべての国民が自分の安心と安全のために収入の程度の如何《いかん》を問わず一定の負担をする。企業負担を求めるんじゃなければ、企業はそれに反対する理由はなくなる。社会保障の制度設計を企業に大きく依存するかたちでつくってきたツケが、制度改革のネックになっています。

そのかわりに、法人税率を上げればいい(第4章参照)。法人税を上げれば企業は日本から逃げていくというけれど、法人税率を九〇年代初め、バブルの崩壊前の水準までに戻せば、いまの社会保障財源問題はほぼ解決すると、大沢真理さんも言っています(上野千鶴子、中西正司編『ニーズ中心の福祉社会へ――当事者主権の次世代福祉戦略』医学書院、二〇〇八年)。

辻元 実は、いま問題になっている年金改革は、小泉政権のときに「一〇〇年安心」と言って強行採決されたもの。パッチワーク的な発想の延長線上の「改革」だった。
そのときも、これから二〇年かけて大改造せねばと一元化を論じた人は多かった。年金改革の方向性としては国会の議論も二分されている。

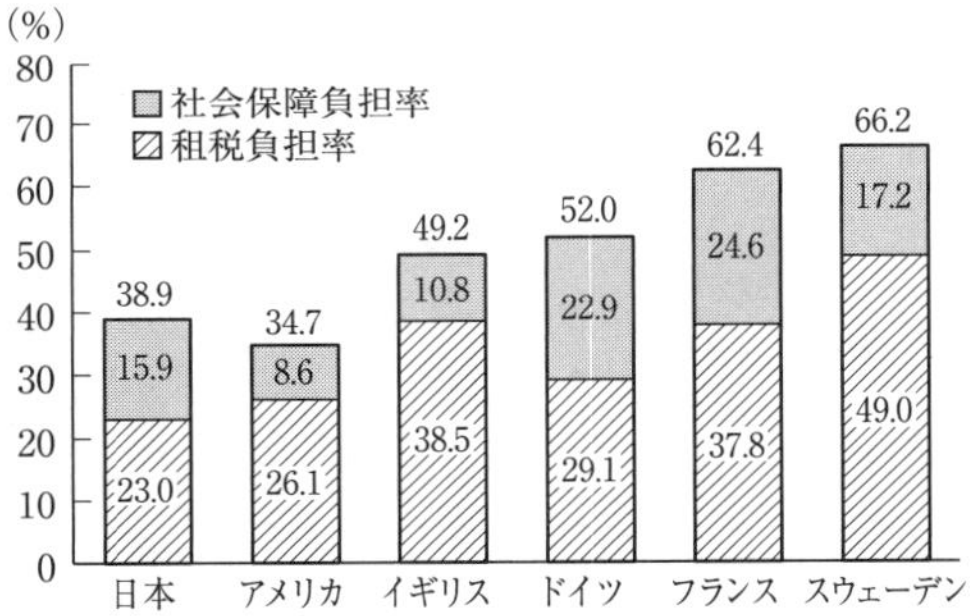

図 9　国民負担率の欧米との比較
出典：財務省ホームページ，OECD “National Accounts”, “Revenue Statistics” など．
注：日本は 2009 年度見通し．諸外国は 2006 年実績．

ひとつは、いまのまま微調整という与党の主張。ただ仕事によってバラバラというのは何とかせねば、ということで、厚生年金と公務員の共済年金は一元化する方向。でも国民年金との一元化までは手つかず。明らかに問題が深刻なのは国民年金の部分なのに、そこにまったく手をつけないのは根本的な解決につながらない。

もうひとつの方向性というのが、すべての一元化。「歳をとって働けなくなったときに、すべての人が生きていけるための最低所得保障を国がするべき」という考え方で、年金制度をもう一度とらえ直す。六五歳未満の人は生活保護で、六五歳以上の人に対しては年金で最低所得保障をするという発想。原則は所得比例にして、全員が払うのを基本にする。所得が多い人はたくさんかけて将来たくさんもらえるようにする。ただし、あまりにもらえる額が少ない人については税か、税と企業からの拠出金をミックスさせて補塡する。その最低ラインは八万円くらい。

そして年金状態の診断書みたいなもので、自分がいま、いくらかけているか把握できるようにする。いわゆる「年金通帳」です。スウェーデンではオレンジレターというのが毎年自宅に送られてくる。二〇〇九年から政府が始めた、ねんきん定期便はこのオレンジレターを参考にしたのだけれども、もっとも大きい違いは「将来いくらもらえるか」の予測が書いていないこと。もちろんスウェーデンでも予測が外れることはあるけれど、根拠が示してあるから受け取る側は納得できる。

上野　いまの話をもう少しわかりやすく通訳するとね(笑)、働き方に左右されない、結婚しているかどうかに左右されない、年金制度を確立するということ。働き方に左右されないというのは企業に左右されない。結婚しているかどうかに左右されないというのは、家族がいるかいないかに左右されない。つまりこれは、おひとりさまで生きる道のための改革ね。

辻元　さすが社会学者やな。政治の言語と社会学の言語がくっつきました。

一生懸命働いてきたんだけれども、商売がうまくいかなかったり、子育てもあって、年金をかけられなかった知人が言った話を紹介したい。「やっぱりわしはみんなに年金くれる人に総理大臣になってほしいと思う」って。「なんでや？」と訊《き》いたら、「そうなれば、あそこの路上で寝てるおっちゃんも八万円もらえるのやろ。歳とったら。八万円あったら、がんばって生きていこうという気になる」と言った。それで、「自分は一生懸命働いてきたんだけれども、最終的に年金ももらえない身になってしまった。でも、そういう人も含めて歳とったら救おうという国はええ国やと思う。そのためやったら、消費税がもうちょっと高くなっても我慢すると思う」と言うわけよ。私、なるほどと思った。

いまの若者に対して「働く気がないんや」と攻撃する人がいるでしょう。でも多くの若者は働きたいと思っている。もちろん背景には、「働いてこそ一人前」という社会的・政策的圧力が強すぎる面もあるけれども……。

労働政策と経済政策があいまって、働けなかったり、朝から晩まで働いても食べていけないという場合もある。みんな自分もいつそんな境遇になるかわからないリスクの高い時代なのだから。歳とったらみんな、何か社会にとっかかりができるだけの保障はしますよという国は、安心感と安定感があるように思うのね。納得ができたら増税も受け入れるという人も増えてきている。そういう方向に年金制度を変えていくというのは、社会の安定につながる。それは将来に希望をもつためのとっかかりでもあるのよ。

上野　老人を姥捨てするような社会では、若い人だって安心して働けませんよ。

最低所得保障が八万円というのは、いまの生活保護費の月額とほぼ同じ。でも所得比例だから自分で積み増しすることもできるし、稼得能力があれば現金収入も付け加えることができる。それに自分の持ち家があっても受け取れるってことね。

いまの生活保護は資産を全部手放すことが前提でないと受給できないから、プライドをズタズタにしないともらえないようになっている。だから生活保護を喜んでうける人はいない。生活保護と最低所得保障とは違うものですね。

辻元　そうです。いま議論されているのは、所得比例を基本に税などで補塡《ほてん》して最低保障していく案と、二階建てにして一階部分を全部税などでやるという案。後者だと、二階部分は自分の所得に応じて掛け金を払い、その分多くもらえると。

上野　たとえば八万という具体的な額を出して税負担にすると、どのくらいの額になるの？

辻元　二階建て案なら、一階部分は約三〇兆円くらい。所得比例案なら一四～一七兆円くらいかな、私の試算だと。補塡部分の財源をどうするかなど、どの案にするかはこれからの議論になるけど、世論も政治の場でも一元化への流れはできていると思う。

上野　企業に負担させると言えば、企業が改革の抵抗勢力になる。税方式と社会保険方式のよいところを組み合わせる必要があるでしょう。あなたがさっき言ったとおり、税・年金制度も社会保障制度も、先進的な諸国での実践例があって、それなりにちゃんとシナリオができているし、専門家や研究者のなかでは、そうとう考え尽くされている。あとはそのシナリオを選択するかどうか、だけですよ。

税方式か社会保険方式かと言えば、私は、社会保険方式は残したほうがよいと思う。加入者の権利意識が高まるし、財源の流用もない。それなら福祉目的で使途限定の消費税を財源にしたらよいという考えもあるけど、それではすべての人にまんべんなく負担がかかるから、負担の逆進性が強まる。それに税方式ではあいかわらず、お上からの恩恵意識もなくならないだろうし。強制加入の社会保険は結局税負担と変わらないけれど、所得累進性を強めることもできるし、加入者の負担と給付の関係が透明になります。

年金っていうのは現役世代から先輩世代への贈与であり、現在の自分から未来の自分への贈与です。年金は支払ってから受け取るまでの期間が三〇年から四〇年かかる。その期間に、自分が属する社会に持続可能性があるかどうかに信頼がもてなければ、年金保険料なんて支払えない。持続可能性があるとは、結局、あとから来る世代を信頼できるかどうかにかかっている。

賦課方式の年金って、年長の世代への贈与と後続の世代への信頼との交換だとも言える。年金制度こそ、世代間連帯の核心にある。それを掘り崩すというのは、自分たちの属する社会への信頼を根本的に失うこと。いたずらに危機感を煽るより、どうすれば年金制度への信頼を取り戻せるか、政治家も国民も真剣に考えるときが来ましたね。

第4章　税金、経済、社会連帯

税率を考える

上野　社会保障と言えば、ただちに財源をどうするかという話が出てきます。前の章で述べた権丈さんに言わせれば、「社会保障で解くべき問いは、社会保障財源調達問題一本に絞られる段階に入った」（前掲『社会保障の政策転換』を参照）と明快です。誰が負担するにせよ、国民負担率を上げないかぎり、どんな解もないことは、はっきりしてきました。が、一九九一年にバブルが崩壊したときから、日本は減税の掛け声一筋でやってきました。租税収入は、ピークの九一年度で約九八兆円だったものが二〇〇三年度には約七八兆円に減収。その理由は不況による自然減収と、政治的な減税でした。とりわけ企業と金持ちにやさしい減税。法人税の基本税率は三七・五％から三〇％へ、所得税の最高税率が五〇％から三七％へ、資産所得に対しても優遇措置があり、贈与税が軽減されました（前掲『ニーズ中心の福祉社会へ』

を参照)。最近では生前贈与税をもっと引き下げようという動きもある。減税に次ぐ減税の結果、日本はいまやアメリカに並ぶ国民負担率の低い国になってしまった。知らないうちにアメリカ化してしまっていたのよ。日本の政府は十分に「小さい」ばかりか、いまや「小さすぎる」政府。これを「中くらいの政府」に規模を拡大しなければなりません。問題は広く薄くか、持てるところからより多くとるかの違い。

いまの社会保障の危機にどんな財源を手当てすることができるかについては、経済学者が明快な答えを出しています。これは大沢真理さんの受け売りなんだけれども、次のふたつをやればよい。第一に九一年時のレベルに累進税率を戻す。第二に九一年時のレベルに法人税率を戻す。それだけで必要な財源は調達できる、と。

辻元 そもそも税や社会保障の「所得再分配」機能には、消費の底上げによる景気の安定という効果もある。そこで所得の低い者からは少なく高い者からは多く、という累進税率が緻密《ちみつ》に設定されてきた。

ところがこの間、政府は「簡素な税制」というフレーズを好んで使うようになってきた。これが危ない。つまるところ税率のフラット化、累進課税をやめよう、という動き。

記憶に新しいところでは二〇〇六年度の税制改定で住民税の累進税率を廃止して、一律一〇%にしたでしょう。それまで約六割の人が五%だったのが、倍に引き上げられた。「所得税が減るから負担額は変わりませんよ」という触れこみだったけれど、翌年にはイラク復興支援や社会保障の財源にという名目で定率減税が解除され、結局は負担増に。胸をなでおろしたのは一三%の住民税を払ってきた高額所得者だった。

一九九〇年以降ずっと、このフラット化にともなう減税のターゲットにされてきたのが、法人税、所得税、そして相続税。このときにセットでおこなわれたのが先の定率減税だったわけ。景気が回復すればどちらも解除されるはずだったのに、定率減税だけが解除されて法人税減税は据え置かれた。

そして法人税、法人住民税、法人事業税を合わせた法人所得課税の実効税率は、九〇年当時の四六・三六%から九九年改定で四〇・八七%に引き下げられた。

相続税については、以前は相続分が四億～二〇億円なら六〇%、二〇億円を超えたら七〇%という累進的な税率だった。ところが二〇〇三年度の改定で三億円を超えたら一律五〇%にするという大減税をおこなった。

こうした動きを推進してきたのは財界です。「経済のグローバル化への対応」「がんばった人が報われる社会を」と減税を求め続け、政府与党は応じてきた。

でもね、本当に日本の企業負担はそんなに大きいのか。ここに明らかなトリックがある。それは、企業の社会的コストには社会保険料も含んで考えるべきなのに、政府や財界は税だけを取り出して「高すぎる」と主張してきたこと。

国税と地方税を合わせた現在の日本の法人所得課税の実効税率は、三九・五四％。四〇・八％のアメリカを除けば、三三・三％のフランス、二九・八％のドイツなどと比べて確かに高い（財務省ホームページより）。でも、二〇〇四年度のデータでは、日本企業が労働者に対してかけている費用はＯＥＣＤ三〇カ国のうち一五位（ドイツは一位、アメリカは八位、フランスは一四位）。しかも事業者の社会保険料負担率はわずか一一・一％で二〇位（フランスは二八・二％で一位、ドイツは一七・三％で一四位、アメリカは七・一％で二六位）。日本企業に求められる社会的コストは決して高くはない（大沢真理、三木義一、神野直彦「有効で公平な税制とは何か」『世界』二〇〇六年五月号）。

しかも所得比例である日本の社会保険料には上限があって、一般的には高給取りが多い大企業に有利で、中小零細企業には不利なようにできている。こういうなかで大企業が何をやったかというと、正規雇用を非正規雇用に置き換えて、社会保険の対象外にすることでコストカットを進めた。言い換えれば、非正規化を進めた企業ほど有利になるよう税制が主導していった。

こうした大企業優遇の改定が続いた結果、一九九〇年度の法人税収約一八兆円、所得税収約二六兆円から、二〇〇七年度には法人税収は約一五兆円、所得税収も約一六兆円に減少した（財務省ホームページより）。

私の考える案は、まずは一九九八年度の税率に戻すというものです。法人税は三四・五％に、所得税は最高税率を五〇％に。累進性を上げることは、景気回復イコール税収増につながるのだから、財政再建という視点から見ても健全なんだ。応能負担の原則を強め、税の再分配機能を取り戻すべきです。

そこに加えて、分離課税を総合課税にする。証券優遇税制をやめる。政府が「貯蓄から投資へ」のキャンペーンをしたでしょう。利子・配当や株式譲渡など金融所得に対する税がいま分離課税になっていて、なおかつ税率が低い。株で大もうけした人の税率は低いわけ。すべて所得税といっしょに合算する総合課税にすべき。

これは世代間の格差調整にもなる。一般的に高年齢層ほどストックがたくさんあるでしょう。株の取引をたくさんやっているのも同じ層。その人たちの持っている、また運用して得た利益を全体に分配していく。若い人たちはストックもないし、株取引もできない人が多いのだから。

給付付き税額控除

辻元　私は「給付付き税額控除」に注目しています。子どもの数とか、労働時間とか、いろんな要素を税額控除の指標にする。労働時間による「勤労税額控除」、子どもの人数による「児童税額控除」、低所得層の負担を緩和する「社会保険料負担軽減税額控除」、消費税の逆進性を緩和する「消費税逆進性対策税額控除」など……。これが格差を解消していくのになかなか効果的と実証されている。

いま、これらを導入している国がアメリカ、イギリス、フランス、オランダ、フィンランド、カナダ、韓国など。アメリカはクリントン政権のとき、イギリスはブレア政権のときに導入した。

上野 給付付きというからには、たんなる税免除ではなくて、つまり上限がゼロになるんじゃなくてプラスになるんですね。

辻元 そういうことです。「働いたほうが得ですよ」というインセンティブを全政策に打ちこんでいくことが重要。みんなが税金を払える社会にすることが大事。

上野 そう。何歳だろうが、どんな働き方だろうが、どんな人でも収入があれば税金と社会保険料を納めるということが基本。そのうえで、必要な人には給付をすればよい。

辻元 若い人も高齢者も、税金が払えるだけの仕事に就けて食べていける制度設計をめざすということね。そして、私は消費税の議論から逃げるべきではないと思っています。でも、それには前提があると考えています。

まずは、いまの不公平税制を公平・公正に戻す。税の所得再分配機能を強化し、累進性を高める。分離課税を総合課税に変える。さらに給付付き税額控除のように、貧困対策や格差解消につながる税の機能を打ちこんでいく。国際的な金融・通貨取引に課税する国際連帯税や環境税など新しい税制をつくる。

いまは税の不公平感が社会に充満しています。税というのは社会的な連帯の証。だから、「一部の人たちだけが得している」と大半の人たちが感じる税制ではなく、「しんどい自分たちのほうに回ってくるように、もうけている人がたくさん税金を払っているな」と実感できたら、私は社会に連帯感が生まれてくると思う。

二つめに、税金の使い道の優先順位を変える。命を守る医療や介護、未来への投資である子育て、教育、そして食と環境を守る農林漁業などに税金を優先して使っていく。同時に、税金の流し方も変える。それぞれの地方自治体が自分たちで優先順位をつけて使える財源にしていく。道路をつくりたい自治体は道路をつくり、たとえば大阪であれば、医療などを優先すればいい、というように。

だいたい日本は暮らしにかかわる支出が少なすぎる。前にも触れたけど、医療費の割合でいえば、ＯＥＣＤ諸国の先進七カ国はだいたいＧＤＰの一〇％前後。日本は八％程度で七カ国中六位。教育も他の先進諸国の平均より低い。ではどこに使っているかというと、圧倒的に多いのはやっぱり公共事業なわけや。たとえば私が住む大阪周辺には、伊丹空港があって、さらに関西空港と神戸空港があるけど、三つも必要？

それ以外に、9・11以降はテロとの戦いということで、米軍との一体化が急ピッチで進んでいる。あんな世界のスーパーパワーのアメリカと軍事的パートナーになろうというのがそもそもまちがっている。「弾道ミサイルを打ち落とす」という触れこみの、一隻一四〇〇億円かかるイージス艦がいい例。これから米軍再編で三兆円使っていくという話もあるでしょう。

私は公共事業は「水車」だと言っている。天下りを介して業界に税金が流れ、それが政治献金でまた政界に戻る。この水車がまわって、ずーっと税金が一定の既得権益のあるほうへ流れて国の莫大な借金ができた。このしくみを壊すのが本当の改革です。

上野　ほんとは保育、教育、医療、介護は内需拡大の切り札なのにね。サービス給付はすべて消費にまわされるし、そこでの雇用創出効果も大きい。公共事業は社会資本投資だという考えもあるけど、公共事業でやってきたことのなかにも、「穴を掘って埋める」だけのムダな事業が多い。全国どこの渓流へ行っても砂防ダムが土砂に埋まっているのを見て胸が痛みます。すぐに埋まって役に立たなくなる砂防ダムをつくるのに何億ものおカネをつかって、それをばらまいて集票マシーンにした結果建ったのが、永田町にある砂防会館。

ムダなだけでなく景観破壊と環境破壊の影響も大きかった。

社会資本は道路やハコものばかりではありません、人材だってりっぱな社会資本。保育や教育は未来への人的資本投資、医療と介護はそうやって育てた人たちが安心して働き続けるための安心と安全への投資です。それに公共事業投資にはジェンダーの偏りがある。結局、土建屋のオヤジばかりを潤しました。それにくらべて社会保障への投資は、男女ともにおカネがまわります。とくに女性にね。

辻元　そして三つめに、ムダ遣いを削る。天下りが絡んだ公益法人に流している補助金や随《ずい》意《い》契約の中身を精査して、徹底的に削る。実は天下りの実態や全容は、なかなかつかめなかった。公益法人や企業に天下って補助金を自分たちの給料にするだけじゃなくて、随意契約でどんどん一部の業界に流していっていると多くの人たちが指摘してきた。

二〇〇九年の五月二一日に政府が出してきた資料によると、二〇〇七年度は、特殊法人、独立行政法人、許可法人、指定法人など合わせて四五〇四法人に。年間延べ二万六六三二人が天下っている。そこに流す税金は補助金や随意契約などのかたちで年間一二兆一〇〇〇億円にのぼる。これは精査して、かなり削れそう。さらに、中央官庁が随意契約を結んだ公益法人の約八割に、所管省庁出身者が再就職していることが会計検査院の調査でわかったの。

二〇〇八年九月発表の調査でも、天下り法人の随意契約件数はＯＢが在籍しない法人の四倍以上、天下り法人への支払い金額の平均は、在籍しない法人の八倍以上にのぼっています。

消費税をめぐって

辻元　私はこれだけの見直しのあと、まだそれでもお金が足りないとき、はじめて消費税の議論が始まると考えている。ただし、所得税や法人税や相続税などすべての税を含めて、そのなかに消費税も入れて議論するのが前提。その場合でも消費税の低所得者への還元払い戻しや複数税率など、消費税の逆進性が改善される方向にもっていくべきです。

たとえば年収二〇〇万円以下の人に一律一〇万円を還付するなら、低所得層への減税効果も期待できるでしょう。また、誰でも必要な飲料品・食料品や新聞・書籍などの税率を低くし、ぜいたく品は税率を高くするなど複数税率も検討すべき。「ぜいたく品を買える人には、たくさん消費税を払ってもらおう」ということ。すでに導入している国はたくさんあって、イギリスでは、原則、飲料品・食料品(一九四ページ、表参照)や新聞・書籍はゼロ%です。日本でやるなら本当は三段階くらいにできればいい。

上野　品目別負担もいいけれども、価格帯別でもいい。高額商品には高い税率をかけるとか。

辻元　私は、税制というのは人間の顔をしていなければならないと思うわけ。机上の空論じゃなくて、人が生きていることにそった税制。だから、さっき言ったような前提条件を実行したうえで、まだお金が足りないのなら消費税の議論に向かえばいい。社会連帯を強めていく方向で税制改革をするのは、政治が強いメッセージを送ることになります。こんな社会をめざすんだ、と。

上野 消費税は、透明性がある、取りこぼしがないというので、比較的どこの国でも採用しやすい。合意形成はむずかしいけれども。こういう有権者に評判の悪い政策は特定の政党が打ち出すことはむずかしいが、大連立ならやれるとハーバード大学の政治学者、マルガリータ・エステヴァ＝アベさんが言っていたのに、説得されそうになった(笑)。でも日本の有権者は、もうとっくに負担増を引き受ける準備はできていると思いますよ。

介護保険のときの議論と似てますね。介護保険は応益負担だから、ちゃんと保険料を出した人に権利が発生し、使った分だけ負担しましょうねという原理そのものはＯＫ。それが低所得者対策をともなわなかったから問題になりました。同じ応益負担の原則を、障害者自立支援法にもちこんだから大問題が起きた。障がい者の貧困率は圧倒的に高いですから。

消費税だって、どんな人でも買った商品に対して消費税を五％払いましょうねという透明性と公平性はＯＫだけれども、それと低所得者対策をセットにしていないことが問題になる。

消費税を複数税率にするしかたはいろいろあるけど、いずれにしても、いまの五％では、とてもすまないでしょう。

辻元 気をつけなくてはならないのは、現在の政府の消費税議論がますますご都合主義になっていること。

二〇〇二年の総務省「家計調査」によれば、消費税負担率は、はっきりと低所得者のほうが重くなっている。つまり消費税には逆進性があると政府が認めたわけ。ところが政府の税制調査会では、「消費税には逆進性がない」という議論をしていたようです。どういうことかというと、この調査の低所得者のなかには、たとえば年収二〇〇万円なのに現役時代と変わらず、年間五〇〇万円の消費をする高齢者が多数いて、そうした層が低所得者全体の負担率を押し上げている、と。なぜ彼らにそんなことが可能かといえば、資産が十分にあるからだというのね。だから、生涯所得と生涯消費で見たら、使った分だけ支払う消費税は「比例的」であり公正である、と。

イギリス
17.5%
ゼロ税率 標準税率(17.5%)が適用される品目を限定列挙 ・宅配による飲食物の提供，建物内における飲食物の提供および温かい持ち帰り用食品の提供 ・アイスクリーム，フローズンヨーグルト等の冷凍菓子類 ・菓子類(ケーキおよびチョコレートでコーティングされていないビスケットを除く) ・アルコール飲料 ・その他の飲料(フルーツジュースおよび瓶詰め水を含む)およびシロップ類 ・ポテトチップス等のスナック菓子類 ・ペットフード ・自家醸造のための原材料品 注：上記標準税率適用品目から除外される品目(ゼロ税率適用品目) ・冷凍された状態では消費に適さないヨーグルト ・干したサクランボ ・砂糖づけの果皮 ・茶，マテ茶，ハーブ茶等およびこれらの加工品 ・ココア，コーヒー，コーヒー代用品およびこれらの加工品 ・牛乳およびその加工品 ・「食肉，酵母および卵」の加工品

出典：政府税制調査会資料

表　ヨーロッパ各国での食料品に対する付加価値税(2007年1月現在)

	フランス	ドイツ
標準税率	19.6%	19%
食料品 (原則)	軽減税率(5.5%)	標準税率(19%)
(例外)	標準税率(19.6%)が適用される品目を限定列挙 ・アルコール飲料 ・砂糖菓子 ・チョコレート，チョコレートまたはカカオを含む一定の製品 ・マーガリンおよび植物性油脂 ・キャビア ・レストランやホテルなどで販売されその場で消費がなされるもの	軽減税率(7%)が適用される品目を限定列挙 ・一定の生きた動物(家畜用の牛，豚等) ・肉類，魚類(観賞用魚を除く)，甲殻類(イセエビおよびロブスターを除く)および軟体動物(カキおよびエスカルゴを除く) ・牛乳および乳製品，卵等ならびに天然はちみつ ・飼牛や飼鶏の胃腸等 ・生鮮の植物および根菜 ・果実，野菜(果汁および野菜汁を除く) ・コーヒー，茶，マテ茶および香辛料 ・穀物，デンプン，パンおよび果実粉等 ・動物性または植物性の食用油脂で加工されているラードおよびマーガリン等 ・砂糖および砂糖製品 ・ココア含有の調整食料品 ・食塩(水溶液にしたものを除く) ・食酢 ・牛乳を75%以上含む乳飲料など

この先にあるのはきっと、消費税率のアップこそ資産持ち高齢者への増税であって、世代間の再分配を進めるだろう、という暴論です。せっかくこれから内需拡大に貢献しようという「おひとりさま」にケンカを売っている(笑)。

私は、これはあまりに現実をとらえていないと思う。正規労働者と非正規労働者で生涯所得にこれだけの格差が生まれていることが、緊急の課題なのでしょう。「比例的」=フラットでは公正ではないの。だいいち、統計全体に影響を与えるほど資産を現金化してバンバン使える高齢者が、そんなにたくさん存在できる国かな。

むしろ消費税増税は格差社会化を推し進めるんじゃないか。派遣労働者や請負労働者に支払われるのは「人件費」でなく「仕入費」。部品といっしょ。つまり間接雇用にすることで支払い分が税額控除の対象となり、結果として消費税の節約になるわけです。税法学者の三木義一さんが「消費税導入後の派遣会社の増大、正規雇用の減少が、この消費税のシステムと連動しているのではないだろうか」(「消費税増税論議の前に」『世界』二〇〇八年四月号)と指摘しているけれど、まちがいなくリンクしていると思う。

社会保障費の安定財源を確保するには消費税しかない、というのは、長いあいだ誘導されてきた「企業の社会保障負担減らし」に乗っかった議論ではないかと思っています。税制全体の見直しとセットになるよう目を光らせないと、負担を受け入れようという国民の決意を政治がまた食い物にすることになる。

財源はある

上野　財源問題をまとめると、わりとシンプルに言えることがある。何かというと、すぐ財源が、と言う人に対しては、まず第一に、財源はある。第二に、ムダ遣いは削れる。第三に、それでも足りなければ負担増に応じる準備は国民にある。これだけ答えはあるんです。

二〇〇八年、中西正司さんと私の共編で、次世代福祉戦略の本を出しました（前掲『ニーズ中心の福祉社会へ』）。それは「高福祉・高負担」と批判する人たちに対して、解決のシナリオがちゃんとあるというビジョンから始まって、制度と運用、そのためのアクションに至るまでオルタナティブを提示したもの。そのキーワードは「当事者主権の次世代福祉戦略」。選択肢はある。あなたが選ぶかどうかだという、提起をしました。

そのなかに、大沢真理さんに書いてもらった論文があります。彼女は税を一般財源とする政府のほかに、社会保障基金政府をつくろう、と提言しています。

介護保険が税方式か社会保険方式かと議論されていたとき、私は、社会保険方式は悪くないと思っていた。どうしてかというと、保険料負担は実質的には増税と同じ負担には違いないが、使途を完全に指定してあるので流用できない。その点だけでも、社会保険方式はすごくいい。

それは一九八九年に初めて日本で消費税三％が導入されて以降、欺《あざむ》かれ続けた後悔があるからです。九四年の細川政権で消費税を福祉目的税に改め、税率を七％に引き上げる「国民福祉税構想」が打ち上げられ、撤回された。九七年の橋本内閣で消費税は五％に引き上げられ、その後九八年には福祉目的化することが自民党と自由党のあいだで合意された。そういう説明を受けていたのに、結果として一般財源へと流用されました。保険財源なら、年金保険料も健康保険料も介護保険料も他に流用できないから、全部含めた社会保障基金政府を独立してつくれと、大沢さんは主張しています。

もちろん租税負担を上げることでも、さっきあなたが言ったように、政府に対する信頼が回復し、情報の透明性と公開性がともなえば、国民は納得できるんだけど。大沢さんのアイディアは独立した社会保障基金政府をつくって、代表も選挙で民主的に選んで、そこにお金を寄託する。運用についての情報の完全な透明性と公開性があれば、自分たちの出したお金がどこにどういっているか、いくら自分に返ってくるかということがはっきりわかる。すごいアイディアだと思う。

辻元　いまの上野さんの指摘は、行政改革にも関連してくる。中央政府がおこなうことと地方政府がおこなうことの整理。介護や子育てについては細かく市町村単位で制度設計するのが、いちばんいいと私は思う。医療は、もうちょっと広くて都道府県単位。国政の役割は全体的なビジョンを出すこと。国と自治体の役割分担とお金の流れの明確化が、地方分権の肝《きも》です。

税金は社会連帯の証

上野　この本で、私がどうしても言っておきたいことは、税金というのは社会連帯の証でもあるが、負担と社会連帯とは、どっちが鶏でどっちが卵かわからないようなところがあること。社会連帯があるから負担に合意するということもあるし、負担に合意するから社会連帯が生まれるとも言えるし、どちらもある。

もしこの本が私よりもマイナス二〇歳の人たちに読まれるとしたら、うかうかしていたら、あと二〇年間で、こんな議論も成り立たないくらいに、日本は「社会連帯」が死語になってしまうような社会になるよ、と言いたい。アメリカを見てごらんという、危機感がすごく強い。

アメリカの社会は、格差がマックス(極大)になって、人種的な序列ができて、社会連帯という概念が成り立たなくなってしまっている。そこに抜け目なくつけこむかたちで、民間の保険ビジネスが成り立っている。保険というのは「安心を売ります」と言うけれど、その実、不安を商品にしたビジネス。彼らのマーケティングを見ると、高所得層向けに、「リスクの小さいあなたには保険負担は少なくてすみます」というキャンペーンをしている。

だから高所得層ほど、リスクが小さいから負担も少なく、低所得層ほどリスクが大きいから負担が大きいという確率論のビジネスです。こういう完全な市場原理が保険の世界に入りこんでしまっていますから、オバマやヒラリー・クリントンが国民皆保険の健康保険を実施したいと思っても、すでにビッグビジネスとなってしまった保険業界が大きな壁となって立ちはだかるでしょう。ここを崩すのは至難の業だから、アメリカでは国民皆保険は不可能に近いと思う。国民健康保険はもとより、介護保険なんて夢のまた夢ね。

辻元　日本の場合、公的なセーフティネットが空洞化してしまったら、アメリカより深刻になるんじゃないかと思う。アメリカは、それでもNPOの寄付税制もあって、なんとか補塡《ほてん》しようという社会の意思が感じられるわけ。日本に比べたら隙間《すきま》を埋めていくネットワークが、はるかにある。

日本は、国または公が吸い上げて税を配ってやるという発想でしょう。税を横に流すという発想がない。たとえばいま、「一％支援制度」というシステムを実行している自治体がある。これはハンガリーなどが導入しているパーセント法を参考にしたもので、住民税の一％相当分を、自分の好きなNPOなどに寄付できるという制度。これをハンガリーみたいに、所得税の一％を分配しようとしたら、官僚のものすごい抵抗にあいます。

上野　アメリカのNPOは、市場の限界を補完するために登場したけれど、それはアメリカがもともと市場の力が異常に強い社会だったから。アメリカのNPOには羨《うらや》むべき点があるけれども、それを生み出した過酷な市場原理の社会を見ないのは一面的だと思う。NPOといえども、貧困の解消はできない。官には官の責任を果たしてもらわなくては。そのいちばん大きい仕事が、負担と責任の分配。税金をとれるのは政府だけですからね。「社会連帯」という言葉が本当に空洞化してしまわないうちに制度を変えないと、手遅れになるよということを、私より二〇歳若い世代に言っておかなければ。

そこそこ、ぼちぼち

辻元　「ピースでエコでフェアでフェミ、歳とってもぼちぼちやれる、そんな社会がええやんか」というのが、ずっと私のキャッチコピーなの。

上野　その、「ぼちぼち」というのはいいキーワードね。というのは、いまのアラフォーから下の人たちは、宮台真司さんのいう「まったり革命」(『終わりなき日常を生きろ』筑摩書房、一九九五年)を経験しているのか、若いときから初老感覚というか、バブル世代と違ってガツガツ・イケイケとはいかない人たち。バブル期のイケイケを味わったこともないから、そのままったり、歳とっていってくれたらいいなと思う。

辻元　いままでは自分たちは一流の国家で、一流の経済で、世界に冠たる日本民族で……という一流願望、日本民族繁栄論で動いてきた。けれども、みんなそれぞれ自己実現ができて生きていけるなら、それがいいのでは。そんな方向に変わらざるをえないと思う。

上野　一流願望というか、大国意識よね。歴史的に考えると、いまから一四〇年前、明治維新のときには日本の人口三〇〇〇万。これが一世紀で四倍に増えた。それが減少期に入りました。なぜ少子化が政財界にとって危機かといえば、国民経済規模が縮小するから。それが彼らにとって最大の危機。大国ではなくなるという意識よね。

いまの私からマイナス二〇歳のアラフォー世代、そのまたマイナス二〇のポスト団塊ジュニアを考えると、二〇五〇年にはその人たちは生きているわけだし、そのときに日本が大国じゃなくて小国になっている可能性は高い。現状維持は絶対にムリ。それなら人口減少社会、そしてGDP小国へ、どうやってソフトランディングするかを考えるほうがリアル。ハードランディングすると、コストも犠牲も大きくなる。

辻元　時代によって、国や地域の位置づけは変遷するわけでしょう。日本だって、バブルもあって戦後、経済的にガーッと急成長した。しかしいまはちょっと落ち着いて、そこそこでやっている。別にかまへんと思うわけ。でも政治の場でそういうことを言ったら、日本の政治家としてあるまじき発言となるわけや。

昔の大国意識にしばられて、GDPを増やして「産めよ増やせよ」で人口を増やして……そういうシステムをめざしていたら、ますます没落していくとしか私は思えない。

もっと肩の力を抜いたらいい。とくに中国という国が隣にあるでしょう。中国内の格差は日本のマーケットに大きく影響しているし、中国の環境問題は日本の環境問題。域内で経済圏をつくって、ともに人間らしく生きていく経済システム、社会の制度を考えようよ――くらいでないと日本も生き延びられない。

上野　大国の夢を捨てきれない人々が六〇代、七〇代よね。二〇代の人たちは、大国の夢なんて味わったこともない。物心ついてからこのかた、ずっと不況とデフレスパイラルを味わっているから。この世代は、「まったり革命」に成功するかもしれない。イケイケでなく、分相応にいこう、と。

二〇〇一年に大塚英志さんが『中央公論』誌上で「私たちが書く憲法前文」を公募しました。私もその審査員のひとりだったのだけれど、優秀賞をとった作品に、当時一七歳の女子高校生、福岡亜也子さんの「日本国憲法前文」がある。印象的だったので、忘れられない作品です（大塚英志編『私たちが書く憲法前文』角川書店、二〇〇二年より）。

全くもってタイシタコトのない／世界的にみてソコソコの国がいい。（略）

世界なんていう単位で／立派で一番！になる必要はあるのか。／私たちから見て一番幸せになれる国。／そうなる必要は大いに／有。景気ばっかりよくって／高ーい車買って／宝石ジャラジャラつけたくって／そんな／目や手や／そんな物で感じる幸せは／ソコソコあれば十分。／タイシタコトない平凡な国がいい。／穏やかに過ぎる時に／心で幸せを感じられるから。（略）

これがいまどきの一〇代の女の子の未来へのビジョンかと思って、驚きもしたし、感動もしました。

辻元　つまるところ「おひとりさま革命」というのは、「ぼちぼち革命」であり「まったり革命」ということでもある。大国主義で国際競争力重視の国より、バブルに乗っかる人ではなく身の丈《たけ》に合った経済でええやんか。それも、それぞれの多様な生き方こそが大事にされるようにですね。

上野　人口減少が国民経済の規模を縮小するというときに、それを補完するための方法として、一人あたりの国民生産性を高めればいい、そのために人的資本へ税金を投下すればいい、という話がある。ところで、いまの日本が国際市場に対して優位に立てる輸出グッズは何かと考えてみると、これが文化産業のコンテンツ部門。アニメとかコミックとか。これは平和型の消費なのよ。世の中が平和じゃないと消費されない類の文化産業コンテンツ。これがいまやメイド・イン・ジャパンと誰も意識しないで世界に流通してる。

　それに、省エネ技術と産業廃棄物の処理技術、これはものすごく進んでいる。日本にはけっこう、他国との競争に勝って売れる技術が、それなりにあるんだよね。

辻元　太陽光発電の技術なども進んでいる。でも輸出優先です。内需につなげながら、日本国内で自然再生エネルギーに転換していこうという点では遅れている。私は一〇年以上前から考えていたんだけど、日本の公立学校と郵便局をすべて太陽光発電に替えたらいい。環境問題への教育効果はあるし、小学校などは子どもが歩いて通える範囲だから。さらにそこに耐震補強をすれば、災害時の強い避難拠点になり地域の安心にもつながる。

　日本の産業構造の問題は、外需だのみにシフトしすぎてきたこと。輸出でがんばる企業も大事、でもあまりにも偏りすぎていた。外需と内需のバランスを回復しないと、日本は沈没してしまう。大企業の役員報酬や株主配当はすごく伸びていることはすでに指摘したけど（第１章）、大企業の内部留保もバブル並みになった（財務省「法人企業統計」）。彼らは輸出で外へ売って、もうけられるものだから、内需を育てる努力を放棄した。国内外の生産工場では労働力を買いたたいて、外に売ったときに価格で競争できるものをつくっていこうとした。

　不安定な雇用の人たちが増えたから、生きていくのに精一杯で国内消費も伸びない。輸出が伸びなくなると、一挙に日本全体の経済が縮んでしまう脆弱《ぜいじゃく》な構造になってしまった。これは明らかに政策と経営の失敗や。産業政策を変えて内需を拡大していく。日本のなかで小さなお金の流れをたくさんつくっていかなければいけない。

アメリカのオバマ大統領は「グリーン・ニューディール」で新しい環境産業促進のために国をあげて投資していこうとしている。私は、もっと枠を広げて「ヒューマン・ニューディール」へ、人に役立つ仕事づくりで内需拡大を実現したい。具体的には、医療・介護・教育・農業などへの集中的な投資。

まずは、介護などケアの分野。

二〇〇九年四月の介護関係の有効求人倍率は一・四二倍だった。地域格差もあるけれど東京に限れば二・八六倍。同じ月、全体の有効求人倍率は〇・四六倍だった。いつも人手不足に悩んでいる介護業界からは、この経済危機が「よい人材を確保できるチャンス」で、派遣労働で工場に行き「部品」のように働かされるよりも対人ケアで働いていくほうが、地域のなかで繋がりをつくれるという声があがっている。

こういうと、「対人ケアには向き不向きがある」という声が返ってくる。

でも、介護が万人にかかわる以上、個人属性の「奉仕の心」に支えられているようじゃだめ。志の大小に関係なく、一定のスキルと職業意識を身につけられるかどうかは、教育プログラムの問題です。私が義務教育で「介護技術」を教えてもいいのでは、と考えるのはそういうこと。民主主義の体験学習でもあるからね。あとは待遇の改善が必要です。

農業もそう。これまで第一次産業は切り捨てられてきたわけだけれども、サブプライム問題の影響で証券市場に急激な信用収縮が起こり、原油や穀物の市場に国際的な金融マネーがドンといったために穀物をはじめ食料品が高騰していったでしょう。少し落ち着いてきているけれども、同じような現象がいつでも起こりえる状況は変わらない。世界中が食料防衛策に走るという新しい現象も生まれている。

そうすると日本も否応なく、自給率を上げていかなければならなくなる。いままでは減反政策で農作物をつくらないことに税金を使ってきたけれど、食べ物をつくることにお金を使う方向に政策転換する、という社会的合意は生まれやすい状況にあるとも考えられる。自給率アップ、食の安全、環境保全、都市と地方の格差解消。一石四鳥の仕事づくり。私はここにも、若者や団塊の世代が新規に就労しやすい政策が必要だと考えています。

上野　いまの話は、人口減少社会の持続可能なシナリオと、すごくうまく結びつく。七〇年代の産業構造の転換期と九〇年代以降のデフレスパイラルの決定的な違いは、グローバリゼーションというファクターが入ってきたということ。資本移転が起きているから、これから先は景気が回復しても雇用は回復しない。先進工業諸国はどこでも、「雇用回復なき景気回復」を経験してる。そうすると、労働分配率も頭打ちになるし、消費を内需拡大にふりむけられない。そこそこの人たちのあいだで、そこそこの分配を回しながら、そこそこ支え合うという生き方しかできなくなる。

そこそこ、ぼちぼち、ほどほどがキーワード。しょぼいかもしれないけれど、これが持続可能な将来像。それに移動コストが上がると、みんな長距離移動をしなくなって、生活の地域完結性が高まる。地方の時代が促進されるようになる。チャリンコ一五分圏のなかで生活圏が完結するようになるかも。

生活の地域完結性

上野　仕事を選ぶときにも、短距離移動で通勤できるような職場を探すようになる。もともとパート労働の女性の仕事の選び方がそう。だって賃金が安いのに、移動コストをかけてまで職場に通うメリットがないから。

だからといって、地方志向は農業志向と同じではない。農業が職業として自立するのは一部の帰農者とか、ビジネスマインドのある一部の農業経営者たちに限られる。将来ありうる暮らし方は、多角経営のマルチプルインカム。もはやシングルインカムでも、ダブルインカムでもなく、マルチプルインカムの持ち寄り家計。その一部に公的年金や公的給付があり、暮らしの下支えはするが、それだけでは十分ではない。パートや有償ボランティアをしたり、パソコン教室の講師をやったりして、小銭をかき集めて、そこそこ年収三〇〇万の生活水準を維持すればよいと思う。それに家庭菜園をやって夏のあいだは野菜を買わずにすむとか、米は実家から送ってくるとかいう、現物経済と贈与経済が含まれる。

これって、非常に多くの日本人が、わずか半世紀前にやっていたこと。現物経済と贈与経済、つまりモノとサービスのやりとり。これが、けっこうバカにならない。たとえば、自分の口に入るもののうちの何割が買ったもので、何割がもらったものかと考えたら……。

辻元　もうすでに実践で、地域通貨が始まっているよね。

上野　地域通貨もあるけど、もっと泥臭い助け合い。もらって生きる。それも含めたマルチプルインカムで、そこそこ・ぼちぼちライフを維持していく人々が生まれてくるとしたら、それこそ地方のほうが都市よりはるかに強いし、ＱＯＬ（生活の質）も高いと思う。

辻元　上野さんが言った「連帯」というコンセプトでいけば、資本主義のひとつの終焉《しゅうえん》がきているのかなと思う。世界中が、「むき出しの資本主義の成れの果て」みたいな現象に振りまわされてきたでしょう。

資本主義は変化し続ける。植民地や奴隷制度に支えられた時代もあったけど、その時代は否定されて終わっていった。貿易資本主義、産業資本主義、そして最近は金融資本主義と言われたけど——金が金を生み続けると妄信した市場の原理最優先の資本主義は、人間や環境を破壊する、という危機感を、その真っただ中の現場にいる人たちも感じ始めている。そういう意味で、私は世界史的な転換点にきていると思うのよ。ローマ帝国が滅びたように、アメリカ金融帝国の崩壊とともに。

こんな世界の危機の潮流に対して、すでに金融の世界でも「ぼちぼち経済」を支える動きはある。二〇〇六年にノーベル平和賞をとったムハマド・ユヌスさんの「グラミン銀行」などがそう。既存の金融機関に相手にしてもらえなかったけれど、「あと牛を一頭買えれば貧困から抜け出せる」という人に低金利で少額の融資をするの。バングラデシュでは七〇〇万人近くが借りていて、借り主の九割以上が女性。保証人もいらず、そのかわり互助会のようなものをつくらせるのね。それで返済率がほぼ九九％。

こうした新しい金融は、貧困からの脱却を手助けするだけじゃない。環境保護や教育など、とくに地域レベルの小さな、でも新しい活動をサポートする。経済が人間のために機能するのを促進するとして、世界中で増えている。たとえばイギリスでは、社会的企業などに融資する金融機関に預金すると、税制優遇措置がつく。自分が預けた資金がどう運用されるかを知りたい、という預金者のニーズにも応えるかたちになっている。それが発展して、フランスでは「連帯貯蓄商品」という貯蓄商品をつくりました。

日本でも、一九九二年のブラジル地球サミットにいっしょに行った田中優さんたちがつくった「未来バンク」や、坂本龍一さんやミスチルの桜井和寿さんらの「ａｐバンク」など、ＮＰＯバンクが環境保護などのＮＰＯ支援やコミュニティビジネスの促進に寄与している。

これらは銀行業の免許を取得していないから預金を集められないし、配当率も提示できない。自治体とのパートナーシップもまだまだで、海外の金融機関に比べたらはるかに規模は小さいの。でも、種はまかれた。

ひょっとしたら「マネーが人を奴隷にしている」とか「食べるものが、なくなるかもしれない」という危機感のなかから、新しい社会のかたちが生まれてくるのかな、とも思う。小さな単位で、ぼちぼち生きることが見直されるのはいいことじゃない？

私は「身のまわり資本主義」と言ってるんだけど。鎖国するわけにいかないから、グローバル化の波は受け続ける。しかし、地域経済の再生で防波堤をつくることができる。

私たちはエネルギー危機、食糧危機、環境危機に直面している。物物交換の時代まで戻ることはなくても、部分的には上野さんが言った現物経済の芽が出てくるかもしれないな。

ゴーバック・トゥ・ザ・百姓《ひゃくせい》・ライフ

上野　生活の一〇〇％がそれで満たされるわけじゃないけど、いろいろ寄せ集めてマルチでいくってことね。

私は、こういうサステイナブル・ライフを、歴史家の網野善彦さんのネーミングにしたがって「ゴーバック・トゥ・ザ・百姓《ひゃくせい》・ライフ」と言っているの。

「ひゃくしょう」じゃなくて「ひゃくせい」。網野さんによれば、「百姓」って農民のことじゃない。文字どおり「百姓(くさぐさのかばね)」、つまり気候がよいあいだは農業をするが、冬のあいだは機織《はた》りをしたり、杜氏《とじ》の出稼ぎにいったり、多業種を組み合わせて多角経営をしていた、独立自営業者のこと。つまりフリーターね。

これまでの社会は分業構造で、一芸に特化するのが職業の選び方だったでしょう。学校の時間割じゃあるまいし、一時間めは算数、二時間めは国語みたいに、人生はそんなふうにはできていないと、私はずっと思ってきた。

人生には国語も数学も音楽も同時に必要。いまは勉強だけ、それから仕事に就いたら仕事一筋、子育て期は子育てに専念し、退職したら悠々自適、だなんてバランスが悪すぎる。仕事も、暮らしも、楽しみも、全部バランスよく、つき混ぜた暮らしを、いつでも、何歳でも、やっていけるようにしたい。それが「百姓《ひゃくせい》・ライフ」ね。

辻元　「チャリンコ一五分圏の生活圏」とは違うんだけど……私はね、「ハーフターン」という考え方も広めたいと思っている。UターンでもIターンでもない。都会に生活基盤をもっている人が、週末だけ故郷に戻るというふうに、二地域居住を制度として保障していくの。もちろん地方の人が都会に来るという逆もあり。そうして、巨大な格差を生み出した人とカネと情報の「偏在・滞留」を解消し、「流動化」を進めていく。すでに流動化現象は始まっているでしょう。団塊世代が田舎で週末帰農をしたり、都市住民が田舎の両親を介護したり。逆に田舎のおばあちゃんが都市に住む孫の世話をしたり……。ここでも「農」と「介護」はキーワードや。でもそれをサポートしようという発想が制度になかった。

そのためには私は、三つの「もったいない」を組み合わせればいいと思う。

約六八七万人の団塊世代が二〇〇九年には六〇歳を超える。一九六〇年代後半から七〇年代、大量の団塊世代が二〇代で都市部へ移動していて、半数がいまも三大都市圏に残っているんや。政治は列島改造で日本を変えたけれども、その後どう生きていくのか、という発想が抜けていたのよ。彼らの二地域居住願望は、都市地域居住者で三七・六％。五〇代に限れば四五・五％（内閣府大臣官房政府広報室「都市と農山漁村の共生・対流に関する世論調査」二〇〇五年）と半数に近い。ストックとフローをもつ団塊世代の、このインセンティブを活かさないのは、もったいない。

そして、リタイアする団塊世代の知的資産を活かさないのは、もったいない。

さらに、世界に冠たる交通インフラを活かさないのは、もったいない。

政策的には、二地域居住を選択した場合、ふたつの自治体に住民税を納められるようにする。どちらか一方の家賃の一部を所得税の控除対象にする「ふるさと控除」、交通費を一定額まで所得税の控除対象にする「介護控除、孫育て控除」を設ける。選挙権は、どちらか一方を選択。鉄道会社や航空会社と連携して、「ハーフターン割引」を導入する……。個々人の人生選択の多様性を保障しながら、国と地方の富をならしていくの。定住ではハードルが高すぎるから、ハーフターンでぼちぼちやっていくのがみそで、「流動性」を「快適性」に置き換えていこうというアイディア。

ここで効《き》いてくるのが、マルチプルインカムの一翼としての現金給付。たとえば、ユニバーサルな児童給付など。世代を超えてハーフターンを加速させると思う。

私はこうした「一〇年後に社会構造の変化を生み出す政策」を提案するなら、いまがギリギリだと思う。

上野　二地域居住でダブルハウジングなら、人口以上に世帯数が増えるから、内需拡大に貢献するわね(笑)。

いまの若い世代には、彼らの親の世代が暮らしていたようなライフスタイルは、もはやできないし、したくもないでしょう。社会環境が大きく変わってしまったから。バブル時代が全然記憶にない人たちが大人になって、「えっ、日本にもそんな時代があったの?」みたいな……。

辻元　「関ヶ原の合戦」を歴史教科書で習うように「バブル」という時代があったんだ、となってしまう。だから、いまの若い人にとって日本というのは、何かどんよりと曇った、活力がなくなった国という実感しかもてないんじゃないかな。

上野　あんな時代に戻ることはできないし、戻りたくもない。

「どんより」というのを、「停滞」とも呼び、「成熟」とも呼び、「ぼちぼち」とも呼ぶ。ものごとには両面あるから、ポジティブなほうを見ていけばよい。ぼちぼちのもとで、お互いにカネとサービスをまわす「花見酒の経済」(笠信太郎)をつくり上げることもできる。

そのときにも、育児や介護がやはりカギになるわね。ケアという対人サービス商品は、必ず消費者のいるその時・その場で生産しないといけない。生産調整も出荷調整もできない。消費者がいるところ、ニーズが発生するところで、生産と消費が同時におこなわれるという性格がある。だから必ず国内で需要と消費が発生する。そこにニーズがあるかぎり、マーケットはつねに存在する。

だから、介護労働が、べらぼうな収入にはならなくても、年収三〇〇万という標準収入は確保できるディーセント・ワーク(まっとうな仕事)になってもらいたいと思っている。

ひとつの職業に、自分の人生をあずけない

上野　私は、近代社会で生まれたプロフェッショナライゼーションこと職業の専門特化がよいとは思えない。専門職って、それだけをシングルインカムソース(収入源)にして食えるということでしょう。自分の能力をたったひとつに特化して、そこに命をかける。それが近代の職業倫理のひとつだった。それなのに、技術革新とともにどんな能力もスクラップになってしまったりする。

だから、私は労働の柔軟化をちっとも悪いことだと思っていない。あなたが言うように、「よい柔軟化」は歓迎。たったひとつの職業や職場に、自分の人生はあずけない。どんな職業でも、それだけで二四時間や一生を埋めつくさない。たとえば、ひとつの仕事を週に三日だけして、それで一〇万円は確保する。あとはほかから収入をもってくるというふうに、バランスがとれたらいい。そのなかに、もうかる仕事、もうからない仕事、無償でやる仕事がいろいろ混じっていればいい。どんなに介護職が好きでも、一日一〇時間週五日を捧げなくてもいいと思う。

辻元　七〇%はこの仕事、二〇%は別のバイトをして、あとの一〇%はもうちょっと違うことをやりたいとか……そのためにも均等待遇と「同一価値労働同一賃金」、そして個人単位の社会保障を実現していかなければならない。

上野　ほんとにそうね。前にピースボートの専従の給料を聞いたら、月収一〇万くらいと言っていたでしょう。「専従」というのは変な言葉で、「専ら従事する」と書いてある。ひとつの仕事に「専ら従事」すれば他のことはできない。それなら「専ら従事する」ひとつの仕事だけで、暮らせるだけの収入が必要になってくる。悪循環ね。好きなことを仕事にしたんなら、それで食えなくてもいい。だから他の仕事もできる余裕があればいい。

「好きなことを仕事にする」という考えは、『一三歳のハローワーク』(幻冬舎、二〇〇三年)で村上龍さんが広めたけれど、とても困ったイデオロギー。好きなことって、カネになるかもしれないし、ならないかもしれない。たとえカネにならなくてもやるからこそ、「好きなこと」。就職面接で、「好きなことなら集中できます」と答えた学生が落とされたというけど、あたりまえ。好きでないこともやるのが仕事だから。好きなことがカネにならなかったら、あまり自分が好きではなくても、他人さまの役に立つ技術のひとつやふたつは身につけておくべき。たとえばパソコンのスキルや語学力、ケアやマッサージなどね。

辻元　そういう働き方が可能になる社会をめざすということ。

上野　「同一価値労働同一賃金」を前提とした「よい柔軟化」はOKという、ここのところで辻元さんと基本的な合意ができたのは、収穫でした。

辻元　ただ、そのための前提条件がある。人間らしく働ける柔軟化じゃないとダメ。私が

「これからは雇用の『よい柔軟化』は進めていったほうがいい」という発言をすると、反発をする人たちはたくさんいる。「柔軟化」という言葉へのアレルギーがすごくある。それほどに、いまの日本の現場が悲惨だからね。「よい柔軟化」と言いつつ足をすくわれて、結局大企業の論理に加担していくんじゃないか、という不信感と危機感が強いからだけれど。

上野　たしかにその危険はある。これまでの労働の柔軟化は、使用者側が先手必勝で、次々と彼らにとって有利な方向へ、つまり「悪い柔軟化」のほうへ進めてきてしまったから。

変化には両面あるから「よい柔軟化」を達成できたら、これまでのように自分の人生をひとつの会社、ひとつの職業、ひとつの専門に譲りわたす必要はないと思う。そういう個人のあり方に合わせて、制度や政策も変わっていくべきね。

分断されること

上野　本当はネオリベ改革で高齢者も若者も、女も男もワリを食ったのに、世代間の分断だけでなく、ジェンダー間の分断も起きています。ロスジェネの「負け組男」が、「勝ち組エリート女」をターゲットとして、男女共同参画政策とフェミニズムをバッシングの対象にしていった。男女共同参画政策はネオリベ改革のもとの国策でした。つまり休眠労働力である女を労働力化しようという労働政策だった。フェミニズムがそれに便乗して、ジェンダー平等政策を推進した効果もたしかにあるけれど。

その証拠には、男女雇用機会均等法の施行後、一貫して女性の非正規雇用率は高まり続け、就職差別もなくなっていないし、男女賃金格差も縮小していない。均等法は女性のあいだの競争と選別の原理として働いた。そのなかでひとにぎりの「勝ち組女」を、バッシング派は「自己主張するフェミ女」と見なしました。実際に政権政党で内閣に入っていく女も増えて、最近では内閣の女性大臣比率なんてニュース価値もなくなったけど、だからといって彼女たちがフェミニストとはカンチガイしないでほしい。なかにはジェンダーフリー・バッシングの先頭に立った山谷えり子参議院議員もいれば、夫婦別姓選択制に反対する高市早苗衆議院議員もいる。何を主張しているかをちゃんと内容を見て区別しないと、女が自己主張するだけでハラが立つ、というミソジニー(女性嫌悪)まるだしなだけ。ネオリベ改革の推進者は政財界のオヤジたちだったはずなのに、攻撃の的がそれて、より叩きやすい敵に向かっている。

そうは言っても、「女女格差」を強調することで、女同士の分断にも私は与《くみ》したくない。一見、「勝ち組」の女だって、多大な犠牲を払ってこのシステムに適応している。勝っても負けても、この社会は女の生きやすい社会じゃないんです。

ネオリベ改革は、既得権をもった層にくさびを入れて分断していくだけでなく、既得権をもたない層にもくさびを入れて分断していく効果がある。「自民党をぶっこわす」と言って既得権益層にメスを入れていく小泉元総理に、既得権をもたない人たちはやんやの喝采を送ったけれど、自分たちも結局選別されていく。そのなかで「勝ち組」になれるのは、いつでもシステムに適合的なほんのひとにぎりです。選別された者同士が、今度はお互いにいがみあう。こういう分断支配こそ、敵の思うつぼね。

辻元　私はゾッとしたことがあったの。派遣やパートの人たちの声を聞くホットラインに参加したときのこと。派遣の仕事を失ったという若い男性が、「外国人労働者を追い出す法律をつくってください。僕たちの仕事を奪っている」と訴えるじゃないの。統治する側の分断作戦が効いているなと思う場面に、あちこちで出会うんですよ。

そんな階層の分断を煽《あお》ったのが、二〇〇五年の小泉郵政選挙だと思う。これで政府・与党は三分の二の議席を得たのだけど、どうして自分たちに痛みを押しつける元締めを選挙で熱狂的に支持するのか不思議だ、という声をあちこちで聞いた。私は、新自由主義的な政策の必然的な第一段階の帰結ではないかと思った。そこに小泉元総理の「扇動家」としての資質とその取り巻きや官僚がつくった大衆扇動の巧妙な手口が共振した結果があると考えた。

分断と扇動による統治はいまに始まったことではなくて、これまでの歴史でくりかえされたことで、そのセオリーに忠実に沿った選挙をやって圧勝したと思った。新自由主義的な流れでは、地球全体を市場として資本主義を先鋭化させ、国際競争力とか「勝ち組・負け組」という言葉に代表されるように「競争と自己責任」が最優先されるよね。「競争」が激化すると、大量に「脱落者」が出てくる。そのなかからは、体制に反旗を翻《ひるがえ》す者が出てくる可能性がある。統治する側や既得権益を守ろうとする側は、不満を持つ者同士が連帯して批判の矛先が自分たちに向けられることを恐れる。そこで、不満を持つ者同士が連帯しないように分断し、お互いに闘わせるように誘導しようとする。

さらに少し単純化して言うと、分断して個人のアイデンティティを希薄化させ、その後に、強い言葉を発するカリスマ的なリーダーの存在や排他的なナショナリズムの高揚で人々のカタルシスを回収しようとする。

しかし、第二段階の帰結として、二〇〇七年の参議院選挙でその流れがひっくり返され与野党が逆転した。私はこのことは世界的な政治の流れと無縁ではないとも考えているんです。市場の原理は認める。しかし、「環境」「人権」「男女平等」「南北格差是正」「企業の社会的責任」などの観点から、必要な規制をかけて市場の暴走を食い止めて、人間と環境、女と男、先進国と途上国などが「共生」する道を探る。そして、排除されたり落ちこぼれたりしそうな人々に対して、予測されるリスクについてあらかじめセーフティネットを張っておく。そして、人々の共生を実現するために階層や世代を超えた社会連帯を強める。言葉では表現しにくいんだけど、こんな感じかな。

「自助」「公助」「共助」のバランスがとれた社会ともよく言われるけど、政府や行政だけが政策をつくり、実行するのではなく、市民参加で物事を決め実行していく。そして、経済活動により企業だけではなく市民事業なども活発にしていく。その起爆剤になるのがＮＰＯなどだと考えているの。

危機のなかの社会連帯

上野　ここのところ、ＮＰＯや社会的企業の研究をやってきてつくづくわかったのは、ＮＰＯも社会的企業も、その成立の当初から、一方で市場の失敗に対する補完的な役割を期待されていたこと。つまり「政府の失敗」と「市場の失敗」が最初から織りこみ済みになっていただけでなく、他方で市民的な自発性や民主主義の実践といった主体的でポジティブな側面が両方期待されていた。その両面が、車の両輪のごとくあって、一方だけではなかったという事情がよくわかった。アメリカはＮＰＯ大国と言われてきたけど、ＮＰＯ大国の背景にあるのは福祉小国という事情でした。

アメリカでは、とことん弱肉強食の資本主義市場に対して、ＮＰＯが手を携えて、補完的に育ってきたという歴史があるから、バランスがとれているところもあるけれども、このバランスはレーガン改革のような変化が起きれば、すぐに崩れます。ブッシュ政権のもとでも、アメリカのNPOは苦戦しました。オバマ政権でバランスが回復できるかどうかは、政府に依存しています。

いまの日本では市民セクターの成熟にはまだ時間がかかるから、市場の失敗を補完する部分がないまま、社会解体が進めば、アメリカより悪い状況になる可能性はある。

ただし、それにはそれぞれの社会の伝統とか文脈がある。フランスとか日本は、もともと国家という官セクターが比較的強い社会。皮肉な言い方をすれば、国民皆保険ができたのは、日本が中央集権的な官僚国家だったから、という見方もできる。それでも健康保険に次いで、介護保険という強制加入の国民皆保険ができた。それも九〇年代という近過去にね。アメリカでは無理でしょう。社会保険の制度をつくるには、「社会連帯」の理念が共有されていなければなりません。それがそう遠くない過去に成立したことは、私が希望をもてる根拠になった。だから最近私は、アメリカ人を相手に介護保険の話をするのが超キモチいいんです、どうだ、キミたちには逆立ちしたってできないだろうと。

この「社会連帯」の理念が、まだ息の根を止められていないうちに、制度をちゃんとつくり直さないと、手遅れになってしまうよという警告を発しておく必要がある。

辻元　いまは、ぎりぎりのとき。アメリカの場合は福祉が貧困で、マイノリティや移民労働者など、社会から排除されている人たちの問題解決についてはNPOの役割が大きい。

上野　ＮＰＯにも貧困問題は解決できません。

辻元　そういう面もあるかもしれないけれど、行政の補完的役割をになわせようとするのが、まちがいなんや。日本では、自治体がＮＰＯを安い下請けに使う。その結果、ＮＰＯで働く人がワーキングプア化してしまっているんだよ。パートナーとしてきちんと育てていくという流れではなく、逆に歯車が回転してしまっている。

たとえば家賃や人件費などの固定費ではなく、事業に対するお金を出すというのが一般的だから、自主事業を育てる方向になっていない。典型的だったのが一九九九年の緊急雇用対策で、政府はＮＰＯを雇用の受け皿にした。事業を起こして半年間で何人雇用してほしい、と。確かに各地でＮＰＯ設立がうながされたし、予算を活かして大きくなったＮＰＯもあるけれど、継続性のない大規模事業に追われて、とくに行政の仕事は書類が多いからそれもたいへんで疲弊《ひへい》してしまった団体が多かった。「もう振りまわされたくない」というのが、多くのＮＰＯの率直な気持ちになっているのね。

上野　ＮＰＯが行政の補完物にすぎないという批判には、かんたんに同意できない。ＮＰＯの成立の当初からその役割は期待されていたわけだし、はっきり言って、同じ仕事なら、役人がやるより市民がやるほうがずっと質も高いし、コストも安い。ワーキングプアを生み出したというけど、もともとタダ働きだった人たちの労働が有償化しただけでも、大きな変化。指定管理者制度には批判がいっぱいあるけれど、だからといって行政の直営事業がよいとはとても思えない。

行政の事業をどんどん市民参加で外注していけば、役人はいらなくなる。行政改革がなかったら、こういう市民参加の方向へはいかなかった。その大きな一歩を踏み出したのが介護保険でしたね。行政の下請けはＯＫ、ただし労働ダンピングを許さないという姿勢は大事。「よい柔軟化」「悪い柔軟化」の議論と同じく、「悪い市民参加」ではなく「よい市民参加」のほうへ誘導しなくてはね。

オルタナティブな共同性と市民事業体

上野　グローバリゼーションとネオリベラリズムの動きは、人間を選別し分断していく。そのうえ、すべての結果を自己決定・自己責任に還元していくという共同体を破壊しつくすような動き。それに対抗する動きは、草の根からオルタナティブな共同性をつくることしかない。
オルタナティブな共同性は、かつてあった共同性を回復したり復活したりすることじゃない。家族を守れとか国家を守れとか地域を復活せよというような掛け声は、まず現実的に不可能なだけでなく、理念的には反動にしかならない。私は「地域」という言葉も、本当は使いたくないの。なぜかというと、都市というのは、もともとムラ社会の匿名性のない包括的な拘束から逃げてきた人たちの集まりなんだから。都市コミュニティの基本のきは、「気の合わん隣と仲ようせんかてよろしい」というもの。

かつてあった共同体が解体され、かつ機能マヒしていったのは、必然性があったからそうなったので、それを復活させようという反動的な掛け声のかわりに、それに代わるオルタナティブをつくるしかない。その担い手は確実に育っていて、そのひとつの大きなうねりになっているのがNPO、とくに福祉系NPO。介護保険ができたことが大きな追い風になって、実際それで食える人たちが出てきた。

NPOが担い手となる参加型福祉を市民動員型とか、安上がりボランティアみたいに批判する人たちがいるけれども、それまで何ひとつ報われずに地域を下支えしてきた人たちから見れば、アンペイドワーク(不払い労働)が半ペイドワークになるだけでも、ものすごく大きな前進なのよ。そんな高みから批判的にあれこれ言う余裕なんて、現場でやっている人たちにはないんだ。

実際、そういう民の動きがすでにあるから、それと官の動きとが、対等なパートナーシップを組めたらよい。まず基本のきは、官は民の自発的な動きを「じゃまするな」ということ。第二は、市民セクターの公益事業を創業支援する役割こそ、公共団体に担ってもらいたい。そのための人材も知恵も工夫も、決して不足していないと思う。だから、種をみつけて育ててほしい。

辻元　自治体の側も、介護保険導入時には「エース」を人事配置したところも多かった。これは自治体にとって試金石になるとわかっていたから。だから「苦情が制度を育てます。どしどし寄せてください」なんて腰の据わった発言をする担当者もいました。

ＮＰＯの側も「今回は行政もやる気だな」と思って、言い方は悪いけど「私らが行政も育てなきゃ」と時間をかけて議論していたところが……制度が落ち着いてきた数年でそういう人たちが異動になって、市民参加の「し」の字どころか、介護の「か」の字も知らない役人が現場をしきるようになったということをよく聞いた。日本の官僚機構の悪しき慣例が市民と行政の貴重な「協働」機会を逃させてしまった反省を、これからどう活かしていくかが問われている。

そこで行政に言いたいのは、法人格のあるなしで「公益」を判断するな、ということ。市民の側も、「お上のお墨付き」と考える人がいたら、それはまちがい。あくまで活動の中身そのものを見てほしい。そのためにＮＰＯ法では徹底的な情報公開を原則としているのだから。

法人格をとっているＮＰＯは、二〇〇九年四月で三万七四〇〇団体ぐらい。法人格をとったほうが活動しやすいところはとればいい、というだけ。取得しない団体は信頼性が低いということではない。だから「ＮＰＯ」というのは本来もっと広い概念で、法人格を取得したところだけを指す言葉ではないの。

上野　私は「市民事業体」と呼んでいます。ＮＰＯはその一部。生協や農協、企業組合などの法人もある。最近では、「社会的企業」という用語もよく使われるようになった。

辻元　ＮＰＯ（特定非営利活動法人）という名前をめぐってはいろいろありまして。ＮＰＯ法はもともと「市民活動促進法案」という名称だったのね。この法案に、当時自民党の参議院議員会長だった村上正邦さんが猛烈に反対していました。村上さんは、「『市民活動』という名前だけはいかん」って言うのよ。村上さんの提案は「奉仕活動促進法案」。私、何とか説得しようと思って、村上さんのご自宅に「夜討ち」をかけたこともあった。結局、「特定非営利活動促進法」という無味乾燥な名前で決着した。このころに比べるとＮＰＯという看板は定着してきたかな。

「このゆびとーまれ」の実践

辻元　ＮＰＯの具体例を見ていくとね、惣万さんのところの富山型デイサービスの例が出たでしょう（一五四ページ）。あらためて説明すると、地域の拠点を自分たちでつくって、高齢者と障がい者と子どもなど、それぞれバラバラだったケアをひとつの場所でいっしょにやっていこうというもの。大家族やコミュニティのもっていた力を再現させようとしたのね。私も、彼女たちが始めた施設「このゆびとーまれ」に入っていったとき懐かしいにおいがした。子どもやお年寄りの生活のにおいが入り混じった昔の家族のにおい。

お年寄りの周りを子どもたちが走りまわって、いままでなら「危ない」となるんだけど逆なわけ。お年寄りは子どもたちに目で注意を払っているから、転倒事故などはかえって起こらなくなる。私が大規模施設で見たようなお年寄りの「みんないっせいに手遊び」なんて光景はなくて、子どもたちに遊びを教えたり、ご飯を食べさせてあげたりと自然体で過ごしている。そして子どもたちの両親も出入りしているうちに、考え方に共鳴してボランティアになる。障がいのある人も、そこでできることをする。私がおじゃましたときにいた男の人は「雪かきなら誰にも負けない」と言っていた。お年寄りの入浴の手伝いなどもしているのね。

始めたのは三人の女性看護師です。当初は行政に、「お年寄りと子どもと障がい者、それぞれ別々に入り口をつくりなさい」と指導されたんだって。それがだんだん行政も変わってきて、いまでは役所に「このゆびとーまれ」に対する苦情があると「あなたのうちでは子どもさんとお年寄りを別々の扉から入れるのですか」と役所の職員が諭してくれるとか。

彼女たちはＮＰＯ法ができる以前から活動していたし、彼女たちが現場の疑問から始めたことが富山県という地域の行政を動かし全国を動かした。ケア先進国と呼ばれるスウェーデンなどからもたびたび視察がきているの。

上野　小泉改革の構造特区の数少ない成果のひとつでした。

辻元　特区として「『福祉』を作業所の仕事として認めさせるんだ」と惣万さんたちはおっしゃっていました。きっちり制度化して次に使えるアイテムにしようとしているところが、すごい。行政は前例に弱いからね。

愛媛県の新居浜へ講演にいったときのこと。駅に二〇代の男性が迎えにきてくれたわけ。彼は地元のデイサービスの責任者で講演会の企画者のひとりだったのね。彼は学校を出たあとに、東京の福祉施設に就職したんだって。東京では家賃も高くて生活はしんどいけれども希望に燃えて仕事に就いた。そうしたら巨大な施設でマニュアルどおりに動くことを強要された。人間に対峙《たいじ》して生まれた現場からの提案は通らない。消耗して実家のある愛媛に帰ったの。そこで惣万さんたちの活動に触発されて、これをやるんだと民家を借り、地元でデイサービスを始めたそうです。私もその施設で昼ご飯をいただいたのだけれども、いろいろな年代の人が生き生き働いていた。「自然食の豆腐を地域の人たちがつくってくれたから」と食事に組みこませたり。若い人たちの雇用づくり、地域の活性化につながった実例やと思った。

上野　「このゆびとーまれ」は九三年スタート、二〇〇八年に一五周年を迎えました。

この人たちはすごく自覚的に事業の種をまいてきた。二〇〇〇年代に入ってから、県と市を巻きこんで起業家セミナーをやってきた。月に一回、六カ月間でワンサイクル、定員二〇人、なかには飛行機で通う受講生もいて、全国にまたがってる。これまで三期、六〇人の受講生を生んだなかからの、起業化率が六割。すごく効率がいい。

富山型小規模多機能共生型介護施設を、点から線へ、線から面へと増やしてきた。それが集まって現在は四五団体で「富山ケアネットワーク」をつくっている。事業モデルが各地にディフュージョン（普及）してきたわけね。いまの愛媛のケースもそう。

若い男性が始めたデイケアで有名なのは、千葉県の木更津にある「井戸端げんき」。三〇代のとてもユニークな好青年で、神奈川県出身なのに故郷でも何でもない木更津に、カップルで引っ越してきて、安い民家を借りて、そこで居場所づくりみたいなことをやっている。別に若者向きのＮＰＯもつくっている。駅前商店街のビルの空いたフロアを使って、若者向けのフリーマーケット風のコミュニティ・スクエアを運営しています。一方で年寄りと付き合い、他方で同世代の若者同士で付き合うというふうな、複合的な活動をしている。

ひとつ事業モデルができれば、種をまいて育つ。それが広がって、それぞれ自分の個性と地域性に合わせた展開をやっていて、どれも一つひとつすごくユニークなのね。介護保険のおかげで、そういう事業で食えるようになったんです。

辻元　タンポポみたいにフッと吹いた種がそこに根づいて育っていく。それも点から線へと。いつか面になればいい。

上野　九三年に惣万さんたちがスタートしたときには、何の制度的な支援もなく、金融機関にも融資を断られた。ゼロからのスタートどころか、リスク覚悟の持ち出しでした。

辻元　当初政治は支援するどころか、「障がい者は障がい者、高齢者は高齢者、子どもは子どもで法律も決まっているわけだから、いっしょにやるのは困ります」と。それが……。

上野　二〇〇〇年の介護保険が、すごい追い風になった。

辻元　現場のニーズと制度がマッチングした。法律をつくることは社会を変えること。いいほうにも悪いほうにも。一九九九年に公布された情報公開法という法律があるでしょう。

上野　あの法律も市民には、ほんとに闘いの武器になった。

辻元　同時に環境アセスメント法も、ほぼ同じ時期につくられた。両法案とも残念ながら議員立法にはできなかったのだけれど、このときは自社さ政権で私はふたつの法案の担当者だった。その後、法律を市民が使いこなすということを実感したことがありました。

沖縄の辺野古《へのこ》で新しい米軍基地建設に反対して、オジイ、オバアがずっと座りこみをしているでしょう。ジュゴンの棲むサンゴの海を守ろうと。辞職後で少し元気がないとき辺野古へいった。そのとき運動をしている人たちから「私たちは情報公開法と環境アセスメント法を武器にして闘っているんです」と言われた。つくられてから一〇年先、二〇年先に人々のために活かされるのも、反対に人を苦しめるのも法律だと実感した。

いま、法律を使って二〇代、三〇代が立ち上がってコミュニティを紡いでいく芽や自分たちの権利を闘い取る動きが、ちょっとずつ出てきているんじゃないかな。そうした芽が育って、目に見えるかたちになってきたら、少し日本は変わってくると思う。いまの若者が希望をもてないところから「あ、こういうモデルもあるのかな」「こういう生き方もあるのかな」と、自分たちの可能性を探る方向に変わればいいな。

若者だけでなく退職した団塊世代のサラリーマン、子育てにひと段落した女性たち……。それぞれの「やりたい気持ち」をじゃましないのが、まず第一段階としての政治の役割。応援するよう制度をつくっていくのが次の段階。やはりＮＰＯ法のような一人ひとりの活動を支える法律を整備して、実践する人たちが目に見えるかたちであらわれたとき、政治と社会がリンクして変わっていく。

制度を変えると一人ひとりの生き方や暮らし方が変わる。私は自分たちの人生設計に政治が深くかかわっているということを伝えたい。自分たちの力で変えられる、絶望しないでというメッセージを発し続けたい。

おひとりさまは、ひとりぼっちではない

上野　あなたが最初に言ってくれたとおり、「おひとりさまは、ひとりぼっちではない」。逆に言うと、おひとりさまは家族とか地域のような既存の社会関係資源に頼れないからこそ、ニ

ーズのある人たち同士が自分たちでつながりをつくり出してきた。
私はそういうつながりを「脱血縁・脱地縁・脱社縁」の「選択縁」と呼んでいます（上野千鶴子編『「女縁」を生きた女たち』岩波現代文庫、二〇〇八年）。ＮＰＯを「地域活動」と呼ぶのがキライなのは、地縁にもとづく活動ではなくて、志をともにした人たちの活動だから。選択縁を、知縁とか志縁とか呼ぶ人もいる。そういう新しい共同性をつくり出すことが可能なしくみづくりをやってくれた点で、辻元さんの貢献はすごく大きいと思う。

辻元　『おひとりさまの老後』の上野さんは「確信犯」やと思ったけれど、ピースボートを始めたときの私も、ＮＰＯ法的なものが必要だと思った私も「確信犯」だったのかもしれない。「やりがいの事業化」と私は呼んでいるのだけれど、経済活動をつくっていくんだと強く意識して進めていったの。「なんぼ立派なことを言うてても、食べられへんかったらあかん」と。それは「ＮＰＯ」とか「市民事業体」という言葉がない時代だったし、まったく意識していなかったんだけれど、自分のなかでは確信のようなものがあった。
八〇年代に、私たちみたいな人はわりといたのね。生協活動も活発になっていったし、有機農業や環境ビジネス、リサイクル運動もそう。人間の営みに政治や経済がマッチしたとき社会は本当に変わっていく。いま日本が暗いドン底に落ちかけていることが、かえって変革のチャンスになるかもしれない。

上野　辻元さんは政治家だけれども、政治家だけが政治をやっているとも思わないし、数年に一回の投票行動だけが政治だとも思わない。若手の政治学者、山崎望さんが優れた民主主義論を書いている。彼によれば、「代表制民主主義とは、市民参加を促進するよりは抑制する装置である。代表制であることでエリート政治であり、エリート政治であることで民衆を信頼しない衆愚政治観にもとづいており、政治参加を数年に一回の投票行動に制限することを通じて市民の政治参加を抑制するシステムである」と喝破《かっぱ》した(有賀誠、伊藤恭彦、松井暁編『現代規範理論入門』ナカニシヤ出版、二〇〇四年)。

数年に一回の投票や、代表に選んだ代議士たちに対するロビー活動が、市民の政治参加のように言われているけど、それを「大文字の政治」だとするなら、もっと日常的な「小文字の政治」があっていい。NPOとか市民活動をやっている人たちは、日常的な政治をおこなっている。若い人たちは、「大文字の政治」に関心がなくても、「小文字の政治」に関心のある人たちってけっこう多い。そういう市民活動の場がその人たちの居場所になったり、そういう場に対するニーズもある。意欲もあるし、人材もいるし、決して捨てたものじゃない。

それをどうやって「大文字の政治」につなぐか。つなぐ回路がなかなか見えにくくて、政治に対するシニシズム(冷笑的態度)にいってしまうか、そうじゃないか、というところのわかれ目に立たされている。

でも、これは政治学をやる人がくりかえし言うことだけど、結局のところ、国民は自分の身の丈以上の政治をもつことができないということ。つまり、政治をバカにしている人たちは、結局、自分たちが政治にバカにされるってことね。

第5章　世代間連帯

社会を変える世代か?

辻元　私は最近、少し希望が生まれてきたと思っているの。

高度成長対応型、アメリカ型の新自由主義的なやり方の矛盾が噴出しているでしょう。当のアメリカも金融優先でやってきた社会が破綻しつつある。日本もいままでの経済・社会モデルが立ちいかなくなったことで、ようやく、なんとかしなければという危機感が生まれてきた。この不幸を転じて幸いにと言ったらおかしいかな。「みんな質素に、でも人間らしく生きていく制度設計につくり替えるきっかけになるのでは」と発想を変えたら、希望がわいてきた。

上野　そこのところ、きわどいバランスというか。危機というのは、一方で変化のチャンスでもあるし、他方で転落への道にもなる。

私があなたとこの対談をいっしょにやろうという気持ちになったのは、若い世代に対する危機感から。彼らのなかに、怒りに向かうかわりにシニシズムに向かう動きがある。若い人たちの気分が政治とシステムに対する不信感とシニシズムにいってしまえば、格差や貧困といった政治災害は、ますます深まる一方。これを回復する道はなくなります。彼らが政治に不信感をもてば、自分で自分の首を締めることになる。いまはまだ何とか若くて健康で、地べたに寝ても次の朝は元気に起きられるかもしれない。だけれども、病気になったり、老いて衰えたりしたら、湯浅誠さんが言うように転落の「すべり台」が待っている。そのときまでに政治を変えておかないと、あなた自身の老後の安心はないよということを、若い人たちにちゃんと言わなきゃいけないと思ったから。

いまの若い世代は、上の世代が権利を勝ち取ってきたということを自覚していないのね。まず、その事実を知らない。情報がない。ノウハウが伝わっていない。もちろんノウハウは、別なものに変わる必要があるから、同じものである必要はないけれども。たとえば私はいまジェンダーフリー・バッシングと闘っている。ジェンダー平等が一定程度獲得されたからこそ、バックラッシュが起きている。これに対抗しないと、これまで獲得したものさえ奪われる。全国各地で同じようなことが起きています(若桑みどり他編著『「ジェンダー」の危機を超える!』青弓社、二〇〇六年)。

若い世代には、闘って得た権利は、闘い続けなければ奪われると伝えたい。そもそも権利も制度も闘わなければ、棚からぼた餅のようにはやってこない。要求しないかぎり与えられないのに。要求したものさえ手に入るときには値切られてる。そのうえ、手に入れたものだって闘い続けなければ、いつだって足元を掘り崩されるんです。介護保険の後退ぶりを見たらわかるでしょう。

辻元　私、上野さんと三浦展さんの対談『消費社会から格差社会へ』（河出書房新社、二〇〇七年）は予言的な本だと思った。上野さんは「ルサンチマンが上昇志向の方向に回収されないで、暴発する可能性がある」と看破しているでしょう。闘うのかそれとも暴発するのか、ここ数年が勝負。そのためには「いっしょに変えようよ」というメッセージを送り続けないと。

手遅れにならないうちに

上野　この対談にあたって私はシナリオをもたなかったんだけれども、話の展開のなかからふたりとも「社会連帯」というキーワードが出てきましたね。まだ手遅れにならないうちに、暗くならないうちに、という危機感で一致した。

小泉・竹中改革路線は市場万能主義のアメリカ化のほうに舵《かじ》を切った。そのアメリカですら、オバマ政権は市場の失敗を認め、国家の役割を大きくしようとしています。でも市場と家族の失敗を補完するものは国家ばかりじゃない。介護や育児の社会化とは、決して国家化と同じじゃないというところが大事。

辻元　それと会社化でもないし、業界化でもない。いままでは、会社に所属することを前提に世の中を組み立ててきて、福祉もそこにになわせた部分があるでしょう。これが会社化。政治はこれまで、ひたすら声の大きい業界に対して税金を流してきた。それで物事を解決していこうという社会だった。でもいまは個人個人が政治とどう向き合っていくかが試されている時代だと思う。脱会社化であり、脱業界化をめざさなきゃ。ところが、いままでの政治に対する絶望が大きくて、みんな投げやりになってしまっている。

私はもう一度「つながろうよ」と言いたいの。それは何も、うっとうしいことじゃなくて、すごく自然なことなんだよ、というメッセージを出したいのね。

上野　政治に対する絶望が大きいと誰がいちばんトクをするかというと、現状の秩序を維持したい人たちがいちばんトクするわけよ。政治に絶望すると、結局自分に跳ね返ってくるだけだから、痛い思いをするのは自分自身。

辻元　少なくとも若者に関する施策について、「当事者」として若者から委員を入れていったほうがいい。あらゆる制度に対して言えることだけれど、当事者評価を法制化すべきだよ。それに制度そのものも、お上任せじゃなくて自分たちの実践のなかから変えていくことはできる。自分たちが苦しいとか、つらいとか、腹が立つということをバネに制度を変えていくことも。

上野　今回の対談は、あなたがNPO活動のパイオニアであり、それを政治の世界に持ちこんで法律をつくった立役者であったという動きと、私が女の不払い労働から市民事業体やNPO、社会的企業へと足を踏み入れてきたという動きが、実にうまくクロスするわね。別々の方向からだけれども。

辻元　私たちの下の世代、もっと過酷な状況に置かれて、いまの制度による弊害《へいがい》を頭から被っている人たちは、いままでの政治や経済政策の災いを一身に背負っている。だから「なんで闘わないいんだ。いっしょにがんばろう」と無理やり呼びかけても「もうヘトヘト、しんどいねん」という人たちもたくさんいる。私、それはしかたないと思う。だから私たちちょっと上の世代の責任で、下の世代もいっしょにつながれる制度をつくっていく。

つながる必要は強者にではなく、弱者にある

上野　結論的にいえば、つながる必要というのは、強者にはなくて、弱者にあるのよ。障がい者問題とか高齢者ケアの問題にとりくんでみてわかったことは、いちばん弱い人がつながる必要があるということ。いちばん弱い人を支えようというしくみを、何の制度的な支えもなしに地域でつくり出してきた人たちが、現にいる。そういう実例を見ると、私は、この日

本の社会も捨てたものじゃないと、すごく希望がもてる。
介護問題を専門とする社会学者で、私の敬愛する春日キスヨさんがしみじみこう言ったことがあります。「上野さん、あなたは質のいい人たちと付き合ってるから、制度に信頼がもてるんだね」と。まったくそのとおりだと思った。どんな制度だって、運用するのは人。どんな制度にも血を通わせるのは人だから、運用しだいでピンからキリまである。介護系NPOだってピンからキリまで。NPOだという理由で、無責任で質が悪くてもかまわないと思っている人たちだっていないわけじゃない。そのなかでいちばん志の高い、良質な人たちと付き合っているから、制度に信頼がもてるのよ。そう言われてみて、しみじみそれがわかった。

辻元 私は人と人がつながりやすくする技術が政治だと思う。そして政治は希望の組織化だとも言ってきた。本来的に政治というのは、弱い人のためにある。ところが政治の場では、強い人たちが決めているわけ。当事者が入ってきていないことが典型的。

上野 政治はずっと強い人のためにあったのよ。

辻元 結果としてそうなっている。

上野 いや、事実として。

辻元 ところがNPO法をつくるときに、東京からとても離れた小さな町の人たちが、わざわざ上京してきて声をあげてくれたりした。しかもお願いじゃなくて「自分たちならこうする」という提案だったんだ。自分たちのほしい制度を自分たちでつくろう、と。

あのNPO法を生み出す過程というのは、私にとっては、ひとつの希望だったわけね。同時に被災者生活再建支援法を神戸の被災者のみなさんといっしょにつくっていた。そのときも生活が苦しいのにお金を出しあって、被害者のみなさんが神戸からバスで国会に来て。「被災者の現状に即した法律にしたい」と当事者が提案を積み重ねていったのね。このふたつは、「市民=議員立法」と言われたの。DVや児童虐待に関する法律の立法過程もそうだったけれども、単にこうしてほしいという当事者たちの「おねだり政治」ではなくて、自分たちがこうありたいということを制度として提案し実現していく。そんな新しいプロセスが生まれてきている。

最近新しい希望を感じているのは、非正規労働者と言われる人たちが少しずつ声をあげはじめ、どんどんつながって、社会変革の力になってきたこと。「残業代を勝ち取るぞ」「生きさせろ」と、いま若い人たちがポツポツやっている偽装請負の告発などの新しい労働運動は、裁判で勝っている。残業代を払ってもらえなかった分も「ちゃんと払うように」と、ひとりが勝ちとることは、オセロのように劇的に状況をひっくり返すことにつながる。同じ境遇で苦しむ人が山ほどいるわけだから。

二〇代、三〇代の若者たちのなかから、労働運動が「こんなに楽しいと思わなかった」と言う人も出てきている。つながることを知らなかったみたい。

上野　それまで、つながる楽しさを味わったことがなかったのね。そう、連帯って楽しいことなのよ。

辻元　社会連帯という言葉を知らなくても使わなくても、人間として何か、自分でつかみ取ろうとするプロセスが必ずある。そしてつながっていく。そんな人間の可能性を私は信じたい。歳とって本当に生きていけるのだろうかという、そこはかとない不安。それを自分自身も解消したいと思うし、世代を超えて連帯して問題を解決していきたい――そんなすがる思いで、上野さんと話して、よかったと思います。

あとがき

上野千鶴子

『おひとりさまの老後』を刊行したあと、私より若い女から「この本のシナリオは、アラフォーから下のロスジェネ世代には通用しないのでは」、と詰め寄られた。その若い女、その実、あまり若くない女とは、辻元清美さんだ。そのとおり。団塊世代に通用するシナリオは、それからマイナス二〇歳の世代には通用しない。それならいっしょに次の世代のための「おひとりさまの老後」のシナリオを考えてみよう、とふたりで共著を準備することになった。協力してもらったのは、このテーマではこの編集者、と信頼を置く、岩波書店の坂本純子さんだ。

とかく対立が煽られがちな世代の違いを超えて、安心できる社会とはをめぐって、辻元さんと私は、政治家と社会学者として、労働、教育、福祉、医療、年金、子育て、税金などについて語りあった。私たちふたりのあいだに基本的な合意はあったが、個々の論点についての互いの認識や意見の違いも新鮮な発見だった。

本書に関連して中西正司さんと共編著『ニーズ中心の福祉社会へ——当事者主権の次世代福祉戦略』(医学書院、二〇〇八年)を出した。そのなかに私たちと志を同じくする社会政策学者の大沢真理さんや経済学者の広井良典さんにもご登場願った。本書の提言の多くは、「社会改革のためのデザイン、ビジョン、アクション」と銘うったこの共編書に拠っている。

安心して老いられない社会では、安心して生き続けられない。高齢者の安心は、高齢者だけの安心じゃない。歳とってから切り捨てられるような社会で、誰が安心して働き続けられるだろうか。世代間の対立を煽るような分断支配の構図に乗っかってはいけない。若者にかぎらず高齢者だって社会的弱者だということを忘れてはならない。

弱者のあいだにくさびをうちこんで、互いにいがみあうのは分断支配の定石だ。ロスジェネの男性が「負け犬」の女性を、行き場のない若者がホームレスの中年を、孤立した青年が罪のない子どもたちを、派遣切りの男性が「誰でもよかった」無防備な人々への無差別な攻撃を加えるこの負の連鎖を、なんとかして断ち切りたい……私と辻元さんの思いは同じだった。

うかうかしていたら、日本では「社会連帯」が死語になってしまう。社会連帯のなかには世代間連帯が含まれる。だからこそ、言いたい。まだ、まにあう。手遅れにならないうちに。介護保険が空洞化する前に、年金制度にシニカルになる前に、政治にシラケル前に、若者だけでなく、すべての世代に対してメッセージを贈りたい。制度も政治も変えられる、と。

二〇〇九年七月

上野千鶴子

1948年生まれ．社会学者．京都大学大学院社会学博士課程修了．現在，東京大学大学院人文社会系研究科教授．著書に『家父長制と資本制』『近代家族の成立と終焉』『差異の政治学』『生き延びるための思想』(以上，岩波書店)，『当事者主権』(中西正司氏と共著，岩波新書)，『おひとりさまの老後』(法研)ほか多数

辻元清美

1960年生まれ．政治家．早稲田大学教育学部卒業．83年に民間国際交流団体「ピースボート」を設立．96年，衆議院議員に初当選．著書に『へこたれへん。』(角川書店)，『NPOはやわかりQ&A』(共著，岩波ブックレット)ほか

世代間連帯　　岩波新書(新赤版)1193

2009年7月22日　第1刷発行
2013年3月15日　第3刷発行

著　者　上野千鶴子《うえのちづこ》　辻元清美《つじもときよみ》

発行者　山口昭男

発行所　株式会社 岩波書店
〒101-8002 東京都千代田区一ツ橋2-5-5
案内 03-5210-4000　販売部 03-5210-4111
http://www.iwanami.co.jp/

新書編集部 03-5210-4054
http://www.iwanamishinsho.com/

印刷・理想社　カバー・半七印刷　製本・中永製本

ISBN 978-4-00-431193-5　　Printed in Japan

岩波新書新赤版一〇〇〇点に際して

ひとつの時代が終わったと言われて久しい。だが、その先にいかなる時代を展望するのか、私たちはその輪郭すら描きえていない。二〇世紀から持ち越した課題の多くは、未だ解決の緒を見つけることのできないままであり、二一世紀が新たに招きよせた問題も少なくない。グローバル資本主義の浸透、憎悪の連鎖、暴力の応酬——世界は混沌として深い不安の只中にある。

現代社会においては変化が常態となり、速さと新しさに絶対的な価値が与えられた。消費社会の深化と情報技術の革命は、種々の境界を無くし、人々の生活やコミュニケーションの様式を根底から変容させてきた。ライフスタイルは多様化し、一面では個人の生き方をそれぞれが選びとる時代が始まっている。同時に、新たな格差が生まれ、様々な次元での亀裂や分断が深まっている。社会や歴史に対する意識が揺らぎ、普遍的な理念に対する根本的な懐疑や、現実を変えることへの無力感がひそかに根を張りつつある。そして生きることに誰もが困難を覚える時代が到来している。

しかし、日常生活のそれぞれの場で、自由と民主主義を獲得し実践することを通じて、私たち自身がそうした閉塞を乗り超え、希望の時代の幕開けを告げてゆくことは不可能ではあるまい。そのために、いま求められていること——それは、個と個の間で開かれた対話を積み重ねながら、人間らしく生きることの条件について一人ひとりが粘り強く思考することではないか。その営みの糧となるものが、教養に外ならないと私たちは考える。歴史とは何か、よく生きるとはいかなることか、世界そして人間はどこへ向かうべきなのか——こうした根源的な問いとの格闘が、文化と知の厚みを作り出し、個人と社会を支える基盤としての教養となった。まさにそのような教養への道案内こそ、岩波新書が創刊以来、追求してきたことである。

岩波新書は、日中戦争下の一九三八年一一月に赤版として創刊された。創刊の辞は、道義の精神に則らない日本の行動を憂慮し、批判的精神と良心的行動の欠如を戒めつつ、現代人の現代的教養を刊行の目的とする、と謳っている。以後、青版、黄版、新赤版と装いを改めながら、合計二五〇〇点余りを世に問うてきた。そして、いままた新赤版が一〇〇〇点を迎えたのを機に、人間の理性と良心への信頼を再確認し、それに裏打ちされた文化を培っていく決意を込めて、新しい装丁のもとに再出発したいと思う。一冊一冊から吹き出す新風が一人でも多くの読者の許に届くこと、そして希望ある時代への想像力を豊かにかき立てることを切に願う。

（二〇〇六年四月）